道德哲學之重建問題

——序黃慧英論集

今日「哲學之危機」的存在，是一個明顯事實。所謂「哲學之終結」已經被許多哲學家公開討論，成為二十世紀的獨特論題。

然而「哲學之終結」這個論題，乍聽起來雖然令人驚心，但嚴格地說，它的內涵卻是受一定的限制的。作為反省思考的成果，哲學的生命正與反省智慧共存不息。只要我們尚能而且尚願瞭解自己在做甚麼，則反省智慧即未喪失，哲學亦不會真正終結。現在談說「哲學之終結」的人們，實在所使用的仍是哲學語言，顯然他們仍然正在作反省意義的哲學思考。我們觀察到這一點時，便當作會心微笑，而不須憂慮或感傷。事實上，這裡仍牽涉到當代哲學思潮的共同隱疾——即我所說的語言級序問題；如果論者真達成一個「哲學」將要「終結」的論斷，他們所謂的「哲學」也只能有某一級序上的指涉。這個問題當然不能在這裡詳談，我只是順便點出這一點關鍵性的認識而已。

不過，我們若專注意到道德哲學的現況，則這一部分哲學成果所受的壓力卻不能使我們不大感憂疑。這個問題與一般性的哲學終結問題意義不同。道德哲學是已有的哲學成果之一，也正是目前哲學危機中最受威脅的。它屬於所謂終結論者所指述的對象的一部分，而它的功能與文化生活秩序密不可分。因之，道德哲學倘若不能穩固成立，則即帶來文化生活崩解的陰影。道德哲學對文化生活的實際必需性，

便迫使我們面對一個沈重的課題。即是：若已成的道德哲學理論已由於受到種種現代思潮的衝擊而動搖，則我們即被迫要從事道德哲學的重建，否則文化的新秩序將無從說起。

黃生慧英，一向以重建道德哲學為其治學之旨趣。在大學本科時期，慧英是中大新亞的學生，對於中國儒學浸潤頗深。其後入中大研究院，又赴英國專攻當代倫理學說。取得碩士學位後，仍回中大攻讀博士學位。我是她的論文指導人，因之，在幾次談論中知道她用心所在，是要擔承這一個沈重的重建工作。當然，這種工作需要長期的努力。成果只能一步步出來。現在她出版這本論集，所包括的自然僅是初步成果。但慧英若能鍥而不舍，則更高的成果自然會逐漸完成。其中成敗關鍵，則在於是否對面臨的問題本身能明確掌握。在這裡我可以略說我自己近年在這方面思悟所得，以供慧英及有志於從事這個重建工作的學人參考。

在當代重建道德哲學，實是要越過現代思潮種種衝擊，而將已有的智慧成果納入一個新的形構，以達成新的穩固，增益新的功能。因此，知己知彼便是著手時的基本條件。

現代思潮對道德哲學之衝擊，大致以三方面為最重要。其一是道德語言的情緒觀。這是本世紀三〇年代邏輯經驗論者的觀點。如艾爾 (A. J. Ayer) 謂 "good" 的確定涵義實即是 "bravo"，便是最有代表性的說法。這種論斷就其強調道德詞語與認知詞語之不同來說，本不是全無理據，但將道德判斷化為情緒表現，則是撤消了道德判斷的普遍性要求，使人不再能面對道德意識的特性。順此以觀，自會導致道德哲學之消亡。其二是以馬克斯主義為中心的反理性思潮。儘管遠在馬克斯立說以前，休姆 (David Hume) 在他的倫理學說中便已經將「理性」視為考量利害或事物因果關係的能力，而認為人之行為

由欲求決定方向，「理性」只會為欲求服務，但真正否定了「理性」的功能的理論，則是馬克斯的意識型態說，與他所宣說的文化觀及罪惡概念。拋開馬克斯主義的政治運動以及在這一向度所引生的列寧主義及史達林主義不談，只就哲學範圍看，這個理論取向至今為各派「新馬」理論所承繼；這一類理論在批判現存文化制度之弊病時，每每顯得頗有吸引力，因此對於缺乏哲學的反省思考的人常常很容易地即成為他們接受的新教條。然而在嚴格意義上，這種理論基本上使用的是一種「自破的語言」（self-defeating language）；它含有基本的詭辭（paradox），但藏在複雜的系統後面，極少為人發覺，更不用說獲得清理了。這種思潮的流行，若放在歷史脈絡中看，自有其確定的原因；我近年計劃要寫的評析「批判理論」（critical theory）對這一套問題都會一一處理，在這裡不再多說。我現在要指出的，只是這種思潮，從「罪惡」觀念起，便徹底背離各種傳統文化觀點，因之，對已有的道德哲學也形成一個基本的否定。其三是廣義的社會學方法所倡導的「社會實有」（social reality）的觀念。本來「社會實有」也是我們了解人類社會行為的重要觀念，其功能意義無人能否認；但對這種觀念作逾範的使用時，便排斥人之自由意志的地位及作用。而且由此使行為責任觀念步步湮滅；責任觀念一旦放棄，則「道德行為」一詞即失去意義。這裡所含的理論問題，可從幾個不同的角度澄清，現在姑不多說。總括地講，若我們真徹底接受「人被社會決定」的觀點，則道德行為本身已成為一個空虛概念，道德判斷亦將通過內在化原則而被解釋為社會現象之一角。這樣道德哲學自然將無由說起。

這些現代思潮在本世紀日益流行，成為顯學。然而另一面世界各地又常有人談「道德危機」。事實上，道德哲學如不能重建，人類對

道德生活的意義如不能有最少的共識，則道德危機之加強便是自然的趨勢。若要重建道德哲學，則斷不能只覆述傳統學說，而必須詳察現代思潮種種得失，然方能穿過現代文化成果而形成現代的道德哲學。這自然是一個艱巨的工作。但也是一個必須做的工作。問題只是看那些人願意將時間精力認真奉獻給這種工作而已。慧英目前從事這個工作，已有初步基礎。我則望她能擴大視域，日求精進，以期他日大成。

最後，我想提出一點，即是道德哲學重建工作與儒學出路的問題。慧英對儒學前途一向有真誠的關切。我則覺得儒學本是「成德之學」。若道德哲學之重建能有眉目，則儒學亦將由此獲得新生命。我雖不以儒家自居，但我深信儒學智慧必將成為新的世界性道德哲學之中心部分。在這一點上，我是頗為樂觀的。

勞 思 光

一九九五年元月序於臺北客寓

自　序

　　本書乃收集我近年來所寫之論文而成，主要圍繞兩大課題，一是屬於倫理學與後設倫理學的問題，另一則是關於儒家倫理的討論。在前一課題方面，從對於個別倫理系統的檢討（〈快樂主義的重檢〉與〈效益主義與人權〉），到對於道德語言直覺的預設之質疑（〈語言直覺的限度〉），以至重新探討「道德」這概念及其與「無私」的關係（〈無私與偏私的調和〉），皆可說是一種分解的工作，其中破斥的成分較重，在建構方面，只有一點線索或暗示而已。

　　在追尋「怎樣的道德判斷是可接受的」的過程中，無可避免地牽涉到「欲望」的問題，例如：「個人的欲望作為一旣定的事實，在道德判斷中應佔甚麼分量呢？」繼而產生：「一方面我們承認應尊重現存的欲望，另一方面，對於欲望的形成，是否也應加以引導？」的問題，〈變化氣質〉乃接承〈無私與偏私的調和〉而撰寫的。可以說，關於欲望的道德意義的討論，開啓了我對「欲望」本身的研究興趣。道德涉及他人幸福的考應，至於個人幸福的追求，則與欲望的滿足，實在無法分割，旣然如此，便必須解答：「甚麼欲望是不理性的，因而假如我們是理性存有的話，便不應要求滿足？」這就是〈不理性的欲望〉所討論的重點。當然，我們更可進一步追問，「欲望是否必須

合乎理性?」或者,「在甚麼意義下它必須如此?」有關的討論見於
〈價值與欲望〉(第三屆當代新儒學國際學術會議上提交之論文)一
文中,此文不及收進本書內。上述兩三篇關於欲望的探討只可算是一
個起步,事實上,如何解決欲望間的衝突問題,正如如何解決道德衝
突的問題一樣,是一龐大的課題,二者同為人類行為的核心課題,在
價值體系與人生意義的論域中卻又有緊密的關連,因此,我預見它們
會成為我未來研究的重點之一。

我近年思考的另一焦點,是在儒家倫理方面。回應「儒家倫理在
現代社會中是否仍具意義,是否需要更新、調整或發展,以適應時代
的需求?」的問題,乃屬於建構(重建)的工作(〈儒家倫理現代化
之路向〉),另一方面,探討儒家倫理在現代社會不同面向上可能提
供的指導方向,則是屬於發展與應用方面的探索(〈儒家倫理與德育
之重點〉),當然上述兩種工作包含了對儒家的理解及詮釋,我甚至
試圖藉著這種詮釋,去解答後設倫理學的難題(〈儒家對於「為何道
德」的證立〉)。

在本書最後一篇論文 ——〈商業倫理上的後設倫理學設定〉——
中,我將商業倫理學裡面的基本問題,帶到後設倫理學的層面上去審
視,其中涉及關於道德與非道德的分界,「評價」預設了對事件的詮釋
等見解,可以總結我之基本的(雖然只是部分的)後設倫理學觀點。

整本集子所收集的論文,每篇都是獨立的,卻又互相連繫,其中
有些重要概念會重複使用,在某篇中的說明可能較詳,而在另一篇中
使用時也許只作提要式的說明,讀者可互相參照。我在整理這些論文

時，　常覺在論述與論證方面有不盡不足之處，　然而唯一感到安慰的是，不少觀念都在不斷發展，有時甚至需要調整過往的結論。實際上我並沒有作出調整，　因為我認為保留原來的論辯，　亦有其意義。論文的編輯方式主要是根據課題來處理，但結果亦與撰寫的時序大體相若，因此讀者可追尋出我所謂的「發展」的線索。

　　最後，我必須感謝勞思光教授為本書寫序，同時感謝劉述先教授讓我有參與「當代儒學」研究計劃的機會。東大圖書公司令本書得以面世，我亦在此一併致謝。

　　謹以是書獻給在生與死、理性與不理性、道德與不道德、喜樂與哀傷之邊緣中掙扎的朋友，願他們能突破困境，作出價值上的肯定。

黃慧英
一九九五年元月

道德之關懷

目　　次

快樂主義的重檢

在道德哲學史上存在已久的快樂主義 (hedonism)，以不同的姿
態出現於不同的時代，近年雖然已從倫理學的論爭場中退隱下來，但其
威勢在哲學的非專業人士中間，依然絲毫不減。本文的目的，乃是針
對一般人的思維方式，指出他們經常所犯的概念上或推理上的錯誤，
進而提醒他們：若要堅持快樂主義，則必須提供一向被忽略的證立。

快樂主義雖然有很多不同的版本，但都圍繞著「快樂」（plea-
sure）這概念，或者用以解釋行為的生成，或者以此為行為應有的目
的。於此，我們首先必須分清快樂主義的兩類學說：

(一)經驗學說 (empirical thesis)

(二)倫理學說 (moral thesis)

所謂經驗學說，是指以追求快樂來解釋人類行為的學說，這學說
聲稱，人類的行為都與快樂密切相關。它大體採取以下的方式來應用
於有待解釋的行為「X」上：「A做 X_1，因為 X_1 能令他快樂。」而
倫理的學說，則認為人只應該追求快樂。經驗學說是對於人類做事時
的目的、動機及意向的描寫，所以是有關事實的學說。倫理學說則是
對於有關「應該」的主張，故是「非實然」的、「應然」的學說。此二
學說間究竟是否有某種關係，又這關係是甚麼，我們將在稍後探討。

讓我們先研究快樂主義的經驗學說。上文說，這學說聲稱的「人

類的行爲都與快樂密切相關」，只是一概括的敍述，或者是過分概括
的敍述，以致忽視了其中細微的區分。因爲我們可以詢問：究竟這學
說所聲稱的是，「人類的行爲是爲了快樂而做」呢？還是「行動X的
完成會令行動者快樂」呢？這是兩貌似相同而其實大異其趣的學說內
容，假使看不出其中的分野，而將它等量齊觀，認爲二者同樣可以作
爲所有行爲的解釋，亦卽認爲快樂是人類行爲的目的，便犯了一大謬
誤，而此正是快樂主義的經驗學說的癥結所在。

　　「人類的行爲是爲了快樂而做」（ET_1）是指人都以快樂爲所有
行爲的目的，A做X_1，因爲（他相信）X_1帶給他快樂，或者做 X_1 能
產生 Y_1，而 Y_1 帶給他快樂，並且A爲了這快樂的結果而做 X_1。A
所注目、關心、考慮的是 X_1 或 Y_1 所帶來的快樂，而X_1只是得到快
樂的方法、手段而已。

　　至於當以「行動X的完成令行動者快樂」（ET_2）來解釋某人的行
爲時，容許兩種情況：第一種情況（S_1）是：某事X_2的完成令行動者
B快樂，而B希望得到快樂，所以他做該事。第二種情況（S_2）是：某
事 X_2 的完成令B快樂，但B是爲了快樂之外的其他目的而做 X_2。
這二者的差異在於，S_1 所說的與 ET_1 沒有分別，皆以快樂爲目的；
S_2 所說的卻是：B以完成X_2爲目的，X_2 的完成帶給他快樂；然而，
關鍵之點是：縱使 X_2 沒有帶給他快樂，他也會去做 X_2，他所關心
的並非快樂，而是 X_2 這目的的達致。在此，快樂不是目的，而只是
附隨 X_2 的完成而來的結果而已。

　　明瞭 ET_2 中有兩種可能情況，則我們便清楚，假若將 ET_2 等
同於 ET_1，便卽是忽略了 S_2 的可能性。

　　主張 ET_2 的人在此或會爭辯：ET_1 這理論的提出，正是點明沒
有 S_2 的可能性，所以在 ET_1 的觀點下，上述的「忽略」是一種有

意的、正面的言論，而不是過失。

此刻，問題便在於，ET_1（或者將 ET_2 詮釋成等同於 ET_1 的理論）的成立，需要怎樣的證立。讓我們為求清楚，不厭其煩地重複，ET_1 所要證立的是：人類無論在作甚麼，都是為了快樂而作。ET_1 的快樂主義者通常作出如下的論證：

任何自主的行為都是人所想望（want）完成的。

每個人都想望快樂。

∴任何自主的行為都是為了快樂而作。

在這論證中，企圖將「行為」與「快樂」的關聯，藉著「想望」與「快樂」的關聯推論出來。我們暫且不理會這嘗試是否成功，卻可先看看「想望」與「快樂」，究竟是否如一般人所毫不置疑地深信的，有著必然的關聯。

為什麼很多人都相信「想望」與「快樂」之間，有著牢不可解的關聯呢？大概是，他們認為，只要是人，若有選擇的機會，都寧願選擇快樂，而不會選擇不快樂的，亦會去做帶來快樂結果的行為，而不去做帶來不快樂結果的行為。此外，「為何為了快樂而做事」或者「為何想望快樂」這類問題，聽來很是突兀，他們於是認為，此乃由於想望與快樂之間有必然的聯繫所致。

若將「人必定會選擇快樂」看成是經驗的肯斷，則必須接受經驗上的核驗；但在進行經驗的核驗之前，對於快樂是甚麼，必須有一確切的規定。在這裡，我們可以方便地認取一種廣為人接受的看法：一個人快樂地做一件事，或者在做事時得到樂趣，就表示他在做事的過程中在享受（enjoy），反之亦然；例如從游泳中得到樂趣就是在享受游泳。確定了「快樂」的涵義後，我們可以開始檢驗「想望」與「快樂」之間是否有著必然的關聯了。當我們考察人類的行為時，會發現

有一些行為，並不是由於行動者想望快樂而作的。舉一個極端點的例子：當一個人預備為國犧牲的時候，他斷然不是為求快樂而這樣作，亦即並非想望從為國犧牲中得到樂趣，更不會是享受犧牲，因為對於他來說，犧牲（大家可以設想各種嚴酷的行刑方式）只有痛苦，毫無樂趣可言，更談不上享受。這類例子有很多，較為切近實際的，譬如：有時我們為了開解一個沮喪的朋友而放棄期望已久的音樂會，有些人願意克服恐懼而去探望重傷的病人，另外有些人則抵受飢寒、以及不同意見者的譏諷而固守自己的原則、表白個人的態度。依據上述的界定，我們很難說這些人做這些事時都是在追求快樂。

這個時候，或者有人會說，那些人其實也獲得快樂，只是並非身體方面的樂趣，而是某種精神上的滿足，他們便是為了這種滿足而做該等事情。對於這種詰難，可以這樣回答：首先，上述的例子中，行動者所忍受的痛苦，並不全屬於身體方面的。此外，把身體與精神作截然的劃分是很具爭議的。其次，就算反對者不作此劃分，而認為行動者始終獲得某種樂趣（滿足感），完全可以抵消他所受的痛苦，那麼，反對者所謂的樂趣、快樂，便越出了我們開始時的定義。

當然，為了更接近我們對於「快樂」這概念的理解及應用，大可隨時調整定義。然而，我們立即會覺察到，若要將上述事例中行動者的感受（姑稱之為滿足感）收進「快樂」的概念內，則所謂快樂，便等同於行動者對於自主的行動之能夠完成而有的感受。這樣，當行動成功了，便必定獲得快樂。對於所有自主的行動而言，行動者必定想望其成功，由於想望其成功，當成功時便必生一滿足感；在這裡，想望去做一事情與想望該事情成功、以及擁有因其成功而生起的滿足感之間，有著分析的關係，亦即是說，想望去做一事情就是去使該事情成功，是分析地真的。但這樣的新界定，距離我們日常對於「快樂」

一詞的理解甚遠，甚至違反了一般的用法。

　　然而，就算將快樂如上述般重新定義，從剛才的結論（對於自主的行動而言，想望做一事與想望該事成功之間有著必然的關聯）卻不能推出想望做一事與想望從該事中得到快樂之間亦有著必然的關聯，因為同意人對自主的行動的完成，必生滿足感，不相當於同意，人是為了該滿足感而做事，換句話說，想望一事成功並不就是想望由此成功而來的滿足感，這後者正是我們要論證的。

　　更重要的是，假定有人藉著某種方法，建立了「想望」與「快樂」、或「想望」與「滿足感」之間的必然關係，那時，我們雖然要承認「人必定想望快樂」或「人必定為了快樂而做想望去做的事」是分析地真的，但「快樂」與「行動」間一旦有著概念上的分析關係 —— 所有行為都是為快樂而做，否則不算是自主的行為 —— 則「為了快樂而做」只是說明某行為是行動者想望去做的行為而已，而說「A想望做X因為A想望快樂」等同於說「A想望做X因為A想望做A所想望的」。如此，便不能在眾多自主行為中作出選擇，因為，選擇做一事，是由於它帶來最大的快樂，而所謂最大的快樂，就是最想望的東西，然而此早已包含於「選擇」的概念內，故快樂既是選擇做此事的理由，同時又可以是選擇不做此的理由，那麼，我們若以「為了快樂」來解釋行動者為何選擇做此而不做彼（或不不做此），則最終只是回頭訴諸「此乃他所選擇者」而已。此義可更詳細闡明如下：假設A在面臨做X或不做X的選擇時，唯一所考慮的是行動所帶來的滿足感，但是，既然無論選擇做X或不做X，若如願以償的話，都能獲得滿足感，那麼，滿足感又如何能作為選擇時的決定因素，對於行動提供指引呢？由此可見，在新定義下的快樂（滿足感）倘非視為一種獨立於想望做X以外的心理狀態，便不能用以決定及預測行動者的選

擇。況且，在日常生活中，常有人說：「我想望做 X，雖然它不能令我快樂。」這樣說並非自相矛盾。因此，「想望」與「快樂」間並無必然關係。就算二者有必然關係，也不能用「快樂」來解釋行為與選擇，這點我們剛已作了充足的論述。

根據以上的分析，若依照我們日常對「快樂」一概念的理解，「快樂」與「想望」間便沒有必然的關係，另一方面，若將「快樂」作一新的詮釋，以使它與「想望」間有一必然的關係，則「快樂」便不能解釋行為。但是，為甚麼一般人總覺得，快樂與行為間有著牢固的關係，同時又可說明行為呢？例如：當為了游泳的樂趣而去游泳時，他想望的是快樂，而快樂可以充分解釋他去游泳這行動，這是否顯示出：「想望」一詞的涵義確實與「快樂」這概念有著極深的關係，致使在某種用法下，人們會覺得「想望快樂」好像是理所當然的，而「不想望快樂」或詢問「為何想望快樂」，卻聽來有些突兀。

J. C. B. Gosling 在他的 *Pleasure and Desire: The Case for Hedonism Reviewed* ❶一書中指出，在很多情況下，關於「快樂」的表式可與關於「想望」的表式互相取代，例如：「去做快樂的事」可與「去做想望的事」互相取代，故「快樂」與「想望」間看來有著緊密的關係。Gosling 又指出，在另一些情況下，明顯地，想做的事（例如責任）並非是令人快樂的事，於是不能用快樂來解釋一切想做的事。我們必須分清「想望」的兩種涵義 —— 其中一種是與快樂有緊密關聯的，另一種則獨立於快樂之外。在詳細討論這兩種涵義之前，Gosling 認為，我們要注意，無論採取哪一種涵義，「想望」一詞都顯示，想望的對象是在自由選擇的基礎上獲得的，當然這亦與「有意」(intention) 相關，這可視為「想望」的基本涵義。因此，對於

---

❶ 相關的討論主要見該書的第 6 章。

任何自主的行動Y而言，以「因爲他想做Y」來解釋都是可能的，不單可能，且是分析地眞的。因爲這句子最低限度顯示出，Y是經過個人自由的考慮而作的有意選擇，而此正可由「自主的行動」這概念推衍出來。如果把「想望」限制於此種涵義，上述的「因爲他想做Y」的句子便沒有提供比「這是自主的行動」更多的訊息，也沒有進一步說明行動者的目的，作爲做Y的理由，來解釋做Y這行動。相反地說，由於「想望」是具有目的性、意向性的，因此，對於不能自主非故意的行動，想望與行動之間便沒有這種關係。

明白了想望與自主的、故意的行動間的關係後，我們可以看看 Gosling 對於想望的兩種闡釋。「想望」的第一種涵義（想望₁）是與「快樂」密切相關的，在這涵義下，想望去做一件事，就是愉快地期待去做該事，或者不快地預視該事之不能完成。在「想望」的第二種涵義（想望₂）下，想望去做一件事就是根據某些理由認爲該事是必須做的。因此，如果詢問一個人「爲甚麼想望去做W？」而將此問題詮釋成「爲甚麼想望₁去做 W？」的話，則答案會是關乎 W 如何被那人快樂地期待，因爲該問題可類比於「爲甚麼你做W這麼興奮？」而對於後一類問題，可以「W就是這麼有趣（令人舒服、令人暢快）」作答。至於想望₂去做一件事，行動者不必愉快地期待做該事，但卻是決定去做的，若詢問「爲甚麼想望₂去做 W？」則類比的問題，有:「甚麼是你做W的進一步目的？」或「甚麼原則使你決定去做W？」所以當說「我想望₂W」時，也許是指示出說話者正在追求的目標，也許蘊涵著W是在說話者的判斷下最好的，或者在說話者的原則下所要求去做的。

爲使大家易於掌握「想望」的兩種涵義，現舉一些簡單的例子來說明，設想我們去訪問一名足球迷，爲甚麼想望觀賞球賽，他的答覆

很可能是:「看著兩隊足球隊員在綠色的球場上奔走，傳球、射門都具戰略意義，球友間心意相通、合作無間，老練的球員憑著經驗與機智臨陣化解對方的攻勢，眞令人既刺激、又暢快,忍不住大聲喝采。」這答案很應題，因爲問的是他爲何愉快地期待觀賞球賽，答的當然就是球賽如何吸引、如何帶來樂趣; 簡單來說，觀賞球賽的樂趣正是他愉快地期待觀賞球賽的理由。

我們再看看用「想望」這同一詞語所表達的截然不同的問題。假設我們問一個人爲甚麼想望$_2$有計劃地儲蓄金錢，他會回答，他想望$_2$增加金錢，若繼續問他爲何想望$_2$增加金錢，他可能答，他想望$_2$在他死後能有足夠的錢供養子女。增加金錢是他儲蓄的進一步目的，而供養子女又是增加金錢的進一步目的。 假使再問他爲甚麼想望$_2$供養子女，他的進一步目的是甚麼，那可能沒有答案 —— 供養子女便是他儲蓄金錢的最終目的，又或者我們問一個人爲甚麼想望$_2$受教育，他可能回答，他認爲每個人有機會的話都應該受教育。這答覆並非指出他的進一步目的，卻顯示出在他的原則下，接受教育是最好的事或是必須去做的事。我們不能再問他爲什麼想望$_2$做他認爲最好的事，因爲想望$_2$去做的事就是他認爲最好的事，此是分析地眞的。有關「進一步的目的」的一類答案，到最後亦會歸結到「最好的事」之上，以剛才的例子來說，「供養子女」便是那人認爲最好的事或者必須做的事，這亦是他去儲蓄的理由。

從上面的例子，我們應當發現，對應於「想望」所表達的不同涵義的問題，實在有不同的答案，企圖以快樂、刺激、樂趣、舒服、暢快等解答關於目的、原則的問題，或者相反地，以目的、原則等來解答關於快樂的問題，都是不相應的。Gosling 斷言，想望$_1$去做的事與想望$_2$去做的事，各自有其可欲的特性（desirability characterization) ❷。因此，對於一個人的行爲，在詢問「爲甚麼想望去做」之前，便須留意在使用「想望」的哪一個涵義，旣然不同的涵義的問題期待不同類別的答案，可能有錯誤預設的情況出現。

現在我們暫時結束 Gosling 對於「想望」概念的分析的論述，轉而進行說明他的分析如何有助於理解本文的論旨。上文曾論析，經驗的快樂主義者，往往以想望作爲行爲與快樂之間的橋樑，而作出如下的推論：當一個人去做一件事時，他是想望去做該事，亦卽想望該事帶給他的快樂，所以任何事情都是爲了快樂而作的。但是如果同意「想望」有兩種涵義，則想望去做一件事，不一定是想望快樂，想望快樂與想望做事之間並無必然的關聯，故此快樂並不是所有行爲的理由。

旣然人想望藉著行爲而得到的不必是快樂，那麼，雖然去做一件事與想望該事成功之間確實有分析的關係，但這只是顯示，對於自主的選擇而言，行爲與想望間有必然的關係，卻不能得出行爲與想望快樂之間亦有此種必然關係。換句話說，我們不能從「因爲他想望做X」推論出「他爲了快樂而做X」。前者與「做X」有必然的關係，卻不能充當「做X」的理由，後者（快樂）可以是做X的理由，卻不一定是做Y的理由（這要由經驗決定）——行爲的理由除了快樂之外，還有很多關於其他目的、原則的理由。一言以蔽之，對於人而言，價值是多元的，不能化約爲單一的「快樂」。

由此可見，關於想望的兩種涵義的分析，幫助我們注意到，對於

❷ R. M. Hare 認爲，由於混淆「可欲的特性」的兩種涵義，引致「描述主義的謬誤 (the fallacy of descriptivism)」——快樂主義是其中之一，於是他對於「可欲的特性」的涵義，作出分析，其與Gosling關於「想望」的分析，實有殊途同歸之妙。參考 R.M. Hare, "Descriptivism"。

「爲何做X」的問題，若透過「因爲他想做X」來回答，對於自主的
行爲而言，是永遠合適的，但此時所謂「想望」，只包含「自主」的
涵義；假如想進一步將「想望」的涵義局限於其與快樂的關聯上，卽
「想望₁」之上，則忽略了有「想望₂」的涵義的可能性，結果面對反
例時，不能解釋，或者勉強自圓其說，將反例詮釋成不是反例 —— 其
中一種方法就是將「快樂」的定義無限擴充，以致違反我們一向的理
解，此爲前文所提到的 —— 而始終不能夠說明行爲的理由❸。在此，
我們需要強調的是，關於一個概念的涵義，並非可以任意杜撰的，而
必須以我們一般的日常用法作憑據(雖然日常用法常有不精確的地方，
需要作語文分析，加以提煉。)，至於這些用法，亦是對應本已存在的
事態而已。所以，我們絕對不要以爲「想望₂」是隨便設計出來的，或
者可以隨意將「想望」壓縮成只有「想望₁」的涵義，而罔視現實上
「想望」一詞的用法，以及人們現實上的心理事實；同樣地，關於
「想望」的兩種涵義的分析，也必須在容許語用方面的質疑與挑戰的
基礎上，才受到接納❹。

經由「想望」而將行爲與快樂聯繫起來的嘗試已證明失敗了，另
一些經由諸如「欲望」 (desire) 將行爲與快樂扣緊的企圖也可藉著
類似的方式而揭示其中的不可行性。簡單地說，「欲望的滿足」在某
一意涵下，固然可以用來作爲任何自主的行爲的理由，但卻不能預測
行爲者的選擇。另一方面，若企圖藉著「欲望」與「快樂」的關係進

❸ 若同意「想望」有兩種涵義,對於「人應該做他想望去做的事」這道德原
則，便不必看成屬於利己主義 (egoism)，卻有成爲利他主義 (altru-
ism) 的可能性，此爲有關「想望」的分析在道德哲學的問題上的另一貢
獻。

❹ 當然，我們必須承認，Gosling 的分析不是唯一可能的一種分析，只是
一如我們所說的，這種分析提供了有關快樂主義的論題的一種方便的解剖
工具而已。

一步以「快樂」來說明行爲的理由，則要經得起經驗上的核驗。然而，反例俯拾即是，要解決掉這些反例，而不將「快樂」或「欲望」作無休止的甚至是不合常理的修正，對於這種理論的支持者而言，是一項沈重的工作（如果可能做到的話）。在面對反例時的另一種明智的做法，就是接受反例的存在，進而發掘出「欲望」有其與「快樂」無關的涵義，當我們使用這涵義說一行爲爲「可欲」時，適可顯示做該行爲有其進一步的目的，或者那是在某原則下必須做的事，從而展示行爲的理由。

總括而言，無論是透過「想望」、「欲望」，或者其他類似的觀念，而想將快樂與行爲關聯起來，會遭遇一兩難：（一）將此等觀念詮釋成具有與「快樂」相等的內容，此時便不必藉著此等觀念作中介，而只需直接建立快樂與行爲間的關係，但這關係的建立，不能單靠概念的分析來完成，必須通過經驗的核驗這關卡。（二）承認此等觀念有其不關快樂的一面的涵義，那時便不能作爲快樂與行爲間的中介，來建立快樂與行爲間的必然關係。

關於快樂主義的經驗學說的剖析，至此應該相當清楚，而可告一段落了。讓我們轉向快樂主義的倫理學說。有關快樂主義的倫理學說（MT）的證立，很多時是以經驗的學說（ET）爲基礎的。這便是在討論倫理學說時，經驗學說的考慮常佔重要地位的原因之一。以經驗學說來支持倫理學說的最常見的方式是：因爲人類做任何事都是爲了追求快樂而做的（ET），所以人類應該追求快樂（MT）；這又即是說，因爲追求快樂是人類的唯一目的，所以我們應該完成或實現這唯一的目的。對於這種從「人是如此這般」到「人應該如此這般」的推論，乃屬於以「實然」到「應然」的推論，亦即是從事實到評價的推論，此雖然曾經引起激烈的論辯❺，但塵埃落定，「從實然不能推

論出應然」的結論似乎已再無可爭議（我們在此沒有辦法詳述各個論證），因此，以 ET 來證立 MT 是不能成功的。

也許有人不以 ET 爲有關一般事實的描述，而是有關人類價值取向的描述，即是：「人以快樂爲唯一的價值」，於是，由此不可避免地會得出「人應該追求快樂」這道德結論。這種說法的主要論點是：在上述的前提下，只要是人，便不可能逃出此道德結論。關於這論證，有兩點可提供大家考慮的：（一）有關價值取向的描述亦是一種事實的描述，本身並不是一道德原則，故不能推論出任何道德的結論。（二）就算推論沒有問題，此時的道德結論已經不是一在自主的情況下作出的抉擇，那麼是否仍可算作道德的結論，實成疑問。

亦有人企圖以「我想望快樂」來證立「我應該實現快樂」，這裡不論採取「想望」的哪一涵義，首先要決定「我想望快樂」是否一實然語句，假若是的話，便仍舊不能躍過實然與應然之間的鴻溝，倘是後者，則以「我想望快樂」到「我應該實現快樂」的推論，雖然沒有「實然」—「應然」的問題，但如何由單稱的命令推論出具有普遍性的應然語句，甚成疑問❻。

最後，可以說，快樂主義的倫理學說一如其他倫理學說一樣，不能單單依賴於「人類是甚麼」或「世界是怎樣」的事實理據來建立。初步看來，快樂作爲眾多價值中的一元，是不難證立的，但若作爲「最根本的」或「唯一的」一種價值，則直至目前爲止，尚未見到一種成功的證立。

（本文原刊載於《鵝湖月刊》第162期，臺北：鵝湖月刊雜誌社，1988。）

---

❺　有關的文章很多，重要的爭論收入 W. D. Hudson (ed.), *The Is-Ought Question* 之內。
❻　這裡認取了普遍指令論有關道德判斷的邏輯特性的觀點：道德判斷必須具普遍性。參考 R. M. Hare, "Wanting: Some Pitfalls", in *Agent, Action and Reason*。

參 考 書 目

● J. C. B. Gosling, *Pleasure and Desire: The Case for Hedonism Reviewed,* London: Oxford University Press, 1969.

● R. M. Hare, "Descriptivism", *Proceeding of the British Academy,* 1963.

● R. M. Hare, "Wanting: Some Pitfalls", in *Agent, Action and Reason,* R. Binkley *et al,* (ed.), Toronto: Toronto University Press, 1971.

● W. D. Hadson (ed.), *The Is-Ought Question,* London: Macmillan Press Ltd., 1969.

語言直覺的限度

——論赫爾對道德直覺與語言直覺的分疏

一、語言直覺的效用

里查德・赫爾 (Richard Hare) 建立他的倫理學的方法是: 分析道德字詞如「應該」、「好」等的涵義, 突顯他們的邏輯特性, 然後根據這些邏輯特性而來的邏輯要求而訂定道德推理的法則。這法則是純形式的, 但加上關於道德事件的實質性前提, 依據法則來推理, 便能得出實質的道德結論。由此可見, 赫爾的倫理學乃建基於道德字詞的涵義及其邏輯特性之上, 或可說, 建基於對這些字詞的涵義的理解之上。如此, 如何理解該等字詞便成爲他的學說是否成立的關鍵之一。然則, 赫爾如何去理解它們呢?

赫爾是根據我們在日常生活中使用道德字詞的情況來理解它們的涵義的。雖然「應該」、「必須」等詞有其非道德的用法, 但當道德地使用它們的時候, 便必定包含某些邏輯特性。就像「紅」這個字, 如果我們用它來指謂一種顏色(而非指「受歡迎的狀態」)的話, 則「紅」字也具有一種邏輯性質, 使得若將此字應用於一物上面, 而不應用於在顏色方面與之相似的另一物上面, 便產生矛盾。對於另一類字詞如「和」、「所有」也是如此, 但它們沒有實際的指涉, 而由其邏

輯性質構成它們的全部涵義，這些就是所謂「邏輯字」，例如，「和」
的其中一種邏輯性質，就是：假若「Ａ和Ｂ」爲眞，則 Ａ 不可能爲
假。赫爾指出，「應該」等字詞是較接近「和」、「所有」，而較不接近
「紅色」。

　　我們能夠在日常生活中懂得使用一個字詞（這亦卽懂得了該字詞
的涵義，雖然未必能準確地陳述出來），並且當它被誤用時能夠辨悉
出來。然而，我們如何能夠理解一個字或詞的涵義，以至其邏輯性質
呢？赫爾認爲，這是由於我們具有「語言直覺」（linguistic intui-
tion）。

　　　假使我們願意用那驚人且非常危險的用語的話，我們可以說，
　　　語言的「直覺」是存在的。❶

　　憑著語言直覺可建立語言的邏輯，故赫爾明言：「語言直覺乃邏
輯的基礎。」❷「語言直覺能支持經驗的語言學，以及以一較精微的形
式，支持哲理邏輯。」❸

　　我們藉著語言直覺不單能建立像「所有」、「如果……則」等字詞
的邏輯，也能夠建立道德字詞的邏輯，例如道德字詞的其中一種邏輯
特性 —— 普遍化特性（universalizability）—— 就是靠語言直覺建
立的。所謂道德字詞的普遍化特性，就是：爲免自相矛盾，假若將包
含該字詞的道德判斷應用於一事件上，則必須把它應用於相同的事件
上的性質。

---

❶　R. M. Hare, *Moral Thinking: Its Levels, Method and Point,*
　　p. 9, 強調符爲原著所有。
❷　同前引書，p. 11。
❸　同上。

可普遍化這理論本身,是由一些屬於哲理邏輯的論證所建立的,其中最重要的,是在於顯示,假若一個人承認某些事件是在非道德的普遍特性上等同的,但卻對它們作出不同的道德判斷,那麼,人們便會認為他不可理解,一如他說出了一些邏輯上不一貫的東西(如自我矛盾)。❹

當討論普遍化特性時,我們遇到一問題,就是縱使道德字詞的邏輯性質規定我們必須將該等字詞「普遍地」應用於相同的事件上,然而現實上不存在兩完全相同的事件:或者事件發生的時間不同、或者地點不同、或者人物的身分不同。赫爾認為,我們通常不因事件發生的日期地點的差異而作出不同的道德判斷,它們是道德上不相干的 (morally irrelevant)❺;假若視為相干,我們便會遭遇上述的邏輯上的不可理解 (logical incomprehension)。

假如有人要爭論,就這理論的目的而言,確切地是要把甚麼特性算作普遍的,則我們可以再次應用相同的試驗。……假如有人把日期(不問在那日或相關的日子發生了哪類事情)當成是在道德上相干的,則與剛才描述過的情況一樣,他在邏輯上是不可理解的。❻

雖然作出了這樣的肯斷,但為了避免有關道德相干性的爭論,同時解決上述的問題,赫爾提出:我們不必理會相同事件是否在實際上

❹ 同 Hare 前引書, p. 115。
❺ 事件發生的日期地點也可以是道德上相干的,是否相干要視乎以之為相干的道德判斷是否能夠通過對假設事件的測試,詳見後。
❻ 同❹。

會出現，我們只需設想一假設事件 (hypothetical case)，在該假設事件中，在所有非道德特性方面都完全等同，只在人物的角色方面互相對換，假使我們能把原初的道德判斷應用於這假設事件中，那便沒有違背道德字詞的普遍化特性。舉例來說，在一財富分配的事件中，若我（甲）作出「我（甲）應該比他（乙）分得較多。」的道德判斷，則在「我」與「他」角色互換的假設事件中（我變成了「乙」），我也須作出「甲應該比乙分得較多」的判斷。

　　然而，也許有人會提出反對，認為假設事件與真實事件是不相同的，由於前者缺少了「真實性」，而此是道德地相干的，因此我們不一定要等同地對待假設事件與真實事件。赫爾答覆說，如果有人說「他應該做這事」但同時說「無人在像他那樣的情況下應該做這事」，而所給出的理由是，前者是真實事件而後者是假設事件，那麼，這造成上述的邏輯上不可理解的情況❼。赫爾聲稱：「我在這兒乃訴諸我們的**語言直覺**。」❽

　　此外，正如在理論的問題上，假若我相信 A，同時 B 是 A 的否定，則假設我是理性的話，我們可以得出「我不相信 B」的結論，同樣，在道德問題上，假如我應做 A，而做 B 會妨礙我做 A，則也得出「我不應做 B」的結論，赫爾說：「這裡我所依賴的是語言的與邏輯的、而非道德的直覺。」❾

二、道德直覺及其應用層面

　　當赫爾在《道德思維》中首次提及語言直覺時，他說那是一驚人

❼　同 Hare 前引書，p. 116。
❽　同上，強調符乃原著所有。
❾　同 Hare 前引書，p. 27。

並且非常危險的用語❿。爲甚麼他說「語言直覺」是一非常危險的用語呢？那是因爲他擔心人們混淆了語言直覺與道德直覺（moral intuition），尤其擔心人們會作出如下的推論：既然語言直覺是邏輯的基礎，則道德直覺是道德思維的基礎。所以他一開始便提出嚴厲的警告：雖然我們若懂得如何使用一個字詞，亦即懂得了該字詞的涵義，則當它被誤用時，我們便能察覺出來（舉例來說，我們懂得了「應該」這字詞的涵義及如何使用它，我們便會得悉，如果說「你應該如此，但我能設想另一情況，其中所有特性都與這一情況等同，只是相應的那人卻並不應該如此」，那麼便是誤用了「應該」一詞），然而卻不能從此繼續推論說：假若我們學懂了如何使用「應該」等字詞後，我們就曉得「不應該說謊」。「這是一步很細微，卻是註定失敗的推論。」⓫

　　語言直覺支持的是字詞的邏輯特性，在道德字詞方面，建立了普遍化特性，從而引申對道德判斷的普遍化的要求，但這要求是一項純形式的要求，本身並不具實質內容，我們不能由這要求而得出實質的道德判斷。如此，我們不能說，根據語言直覺，說出「我應該無故傷害他人」是誤用了「應該」一詞，雖然我們可以說，根據語言直覺，若說「我應該無故傷害他人，但任何人處於相同的境況不應如此。」便是誤用了「應該」這一詞。

> 重要的一點是經驗語言學家和哲理邏輯學家所訴諸的那種直覺，是永不能產生具有實質內容的道德述句或訓條的」⓬

　　如果有人說，爲了一時樂趣而折磨別人是無所謂的，那自然是

---

❿　同❶。
⓫　同❷。
⓬　同上，強調符爲原著所有。

與我們大眾不同的意見，但這卻沒有犯上邏輯或語言上的錯誤，他的錯誤 —— 假使能稱之為錯誤的話 —— 是道德實質上的錯誤。倘若我們能夠在論證上勝過他的話，那論證是不會單單訴諸語言直覺的（雖然語言直覺可以用來揭示論證的邏輯）。⑬

　　單從語言直覺不能建立實質的道德判斷，「語言直覺與道德直覺的關鍵性分別，在於前者不像後者，聲稱可以建立道德的實質內容。」⑭道德直覺聲稱可以建立道德的實質內容，但它是否真正能夠如此呢？

　　赫爾承認道德直覺的存在，卻反對訴諸道德直覺來作為道德系統的基礎。因為道德直覺常引起道德衝突，不同的人依據他們各自的直覺也會得出不相容的道德判斷，它們只是「我們所受的教養以及過往有關決策的經驗的產物，它們不是自我證立的。」⑮我們隨時可以詢問我們所受的教養是否最好的，或者過往的決策是否正確，而假如這些都可質疑，那便不能用以證立我們的道德判斷，另一方面，若用道德直覺本身來證立上述的教育及經驗，則犯了循環謬誤。

　　那麼，是否道德直覺在道德思維中毫無作用呢？此亦不然。但若要展示道德直覺在道德思維中所擔負的任務，必須先劃清道德思維的兩個層面。根據赫爾的後設倫理學的分析，我們決定道德原則的層面名為批判思維層，在這道德思維的層面裡，我們只能訴諸語言直覺，我們所作的決定只受到道德字詞的邏輯性質及一些非道德的事實的規限（此亦即是我們所作的道德判斷的理性根據），在此不能訴諸任何具實質內容的道德直覺，因為它們是未經證立的。在批判層，我們利

⑬　同 Hare 前引書，p. 12。
⑭　同❷。
⑮　同 Hare 前引書，p. 40。

用上述建基於邏輯與事實的原則（名之爲批判原則）來證立並揀選所謂初確原則（*prima facie* principles），並且解決道德衝突的問題。

初確原則或者來自我們的道德直覺，經證立後我們便可在道德思維的另一層面 —— 直覺思維層 —— 合理地應用它們。直覺層中本來就充塞著各種各樣的道德原則，但由於這些原則未有經過證立，所以不能依據它們來判斷由它們所引起的道德紛爭。經批判思維揀選的初確原則，在直覺層中應用時，假若產生爭論，那麼藉著批判原則，可以得到證立；遇上道德衝突的情況（道德衝突的發生就是兩原則各自指令不同的行爲，而在某特定的情況下，不能同時做該兩個行爲），亦可由批判思維解決。

然而，爲何需要有應用於直覺層的初確原則呢？爲何不能在面臨每一道德抉擇或判斷時，都訴諸批判思維呢？赫爾提出幾點理由：

(一)初確原則的設計是較爲一般和簡單的，它可應用於相類的情況，如此我們若遇到一新的情況，只要它與那些原則應用的領域相類似，我們便可應用它們，毋須卽時重新作批判的思維。況且，在突發及緊急事件中，並不容許我們作詳細的考慮及計算，而初確原則在像目前這樣的世界上 (in the world as it is)，正常的情況下，會得出與利用批判思維而達致的相同結論。

(二)我們不能預期每個人都有足夠能力作批判思維，所以經證立的初確原則是對他們有幫助的。

(三)初確原則因爲較爲一般及簡單，所以方便我們學習、記憶及教育孩子。

(四)經批判思維選取的直覺原則，是聯結著一種牢固及深刻的傾向與感情的，在我們的成長過程中，藉著我們所受的教養，深植於我們的品格內，這樣，這些原則便產生一種作用，使我們在面對種種誘

惑時，對於我們的責任（初確的）不輕易退縮；在顛沛或造次之際，也不輕易自欺地剪裁我們的道德思維，以符合個人的利益。

如上所言，假使我們自幼接受經批判思維選取的初確原則的教育，便會凝鑄出根深蒂固的道德直覺，於是在一般以及正常的情況下，便可運用這些道德直覺及由之而來的道德原則來指導我們的生活，這就是道德直覺在直覺思維層的意義及作用。然而必須清楚，道德直覺的作用是有其限度的，它只適用於一般及正常的情況，當特殊及非常的情況出現，便不能訴諸道德直覺來解決問題。此外，在道德衝突的事件中，同樣也不能利用道德直覺來決定應該採用哪一項衝突中的原則。赫爾明確表示：「雖然這些在直覺層面運用相對地簡單的原則對於人類的道德思維來說是必須的，但卻是不足夠的。」⑯ 在這些情況下我們便必須動用批判思維了。

三、語言直覺的限度

道德直覺提供具備實質內容的道德原則，但它們只能應用於直覺思維層，當有需要提升到批判思維層來解決道德原則的證立及道德衝突的問題時，便不能再依賴道德直覺了，此為道德直覺的限度。在批判層，只能運用建基於道德字詞的特性與邏輯的批判原則，而對這些特性與邏輯的理解，最後乃訴諸我們的語言直覺。現在我們可以考慮，語言直覺是否真的可以作為倫理學的基礎。

里查德·布朗特 (Richard B. Brandt) 在《一個關於善與對的理論》一書中，反對訴諸語言直覺來建立倫理學，他考察各種訴諸語

---

⑯ 見同前引書，p. 39。

言直覺的方法, 總括如下❼ 。

所謂訴諸語言直覺的方法乃是: 找出當人們詢問傳統的道德問題時, 實際上提出哪些問題, 從而指認出規範倫理學中的問題。因爲支持此種方法的人認爲: 假若我們留心當人們 (包括我們自己) 提出這些問題時, 他們在做甚麼的話, 我們便可以得到意思清晰的意譯句 (paraphase)。然而如何指認出那些意譯句呢? 那是靠我們的語言直覺。若要肯定一語句「S'」是否「S」(包含有待分析的詞語) 的準確意譯, 我們得詢問自己, 是否有任何邏輯上可能的情況, 使得我們同意眞誠地說「S」但非「S'」, 或者願意說「S'」但非「S」, 假若這種情況存在的話,「S'」便不是「S」的意譯句。

布朗特不贊同這種訴諸語言直覺的方法, 他所持的反對理由有下面幾點:

(一)在一般的觀察下, 規範字詞是非常含混的, 以致倚賴語言直覺並不能達致任何確定的解釋。在哲學家中間也有不同的看法。例如「好」這規範字在「好的刀子」、「好的視力」、「好的泳者」、「好時光」中便有不同的涵義,需要比驟眼看來複雜得多的意譯句,包含「我們所選的好事物」之概念在內, 但日常用法便不能提供任何指引, 使我們能分析出這複雜的意思來。我們對規範語言的使用方法, 並不能使到語言直覺能夠幫助找出意譯句, 亦卽是說, 日常語言並不能作爲規範道德哲學的指引。

況且, 沒有理由設想這些字詞在語言界內只有一個涵義。字詞的涵義是與我們整個概念系統息息相關的。假若道德觀念不同, 道德字詞便有不同的涵義。

---

❼ Richard B. Brandt, *A Theory of the Good and the Right*, Ch. 1.

(二)就算假設語言直覺能為規範術語提供較準確的意譯句，但我們不能在有關規範方面的反省中依賴它的指引。同一個字詞在不同脈絡中包含不同的涵義，但就該字詞本身來說便沒有作出清楚的區分。另一方面，不同的道德字詞卻具有相同或非常近似的意思，使人容易以為它們分別表達不同的意思。描述性的語意論是否能逼使我們承認錯誤，是很成疑問的。

(三)根據赫爾的學說，道德判斷是普遍的指令。但是，如果一個人不打算將他的道德判斷普遍化呢，那又如何？布朗特提出上述的質疑。他認為，對日常語言的分析充其量使那人承認他這樣做是犯了語言上的錯誤，然而他仍然可以在避免使用「應該」這字的情況下，作出對自己個人的指令。因此，這種分析在規範的爭論方面不能改變人們的主張。布朗特指出，日常語言並不是經常適用於用來表達經我們反省後想說的。我們要建構的概念（道德概念）須取材於經反省的用語之上，而依據語言直覺的日常語言不但不能提供有用的指引，很多時反而誤導了我們對於概念的理解；事實上，日常語言本身也需接受反省與釐清。

現在讓我們檢驗布朗特對語言直覺的作用及效力的質疑，是否能夠動搖赫爾的倫理學基礎。

首先，關於字詞的含混性問題。規範字詞如「好」無疑與一般的具相對性字詞如「高」、「矮」、「大」、「小」一樣，沒有單一明確的應用準則，在此意義下它們是含混的。然而就算只根據我們對相對性字詞的日常用法，我們也可毫無困難地指出，例如在體積方面，獅子是動物中的大者、老鼠是動物中的小者，五百公斤的獅子是獅子界中的大者、一百公斤是獅子界中的小者。或者我們只是對於二百公斤的獅子算不算小獅子、四百公斤的算不算大有些猶疑罷了。我們可說在這些

邊緣性的事件中，出現含混的問題。可見含混的出現在於不能確定它的應用準則及範圍。而依據赫爾的說法，決定準則的涵義屬於描述涵義⑱，描述性字詞如「大」、「小」、「紅色」等在不同脈絡中可能有不同的描述涵義，因之其應用準則亦有變化（「大」、「小」等相對字詞應用準則的彈性較大，「紅色」則較小），當這些涵義及準則隱而不顯的時候，在溝通上便出現含混的問題。其實，對於邊緣性事件，講者可以自己制訂確定的應用準則，然後明白說出。甚至對於如「紅色」的字詞，講者也可以自由訂定應用準則，亦卽賦予它一描述涵義。唯一的規限乃是，當他把「紅色」（或「大」）應用於一事物上，便必須把它應用於在顏色方面（體積方面）與該物相同的另一事物之上，不然的話，他便是自相矛盾。這就是描述字詞由描述涵義而來的普遍化特性。對這種普遍化特性的理解，乃來自我們的語言直覺。由此可見，語言直覺能夠確定的、並且聲稱能夠確定的，就是字詞的邏輯特性，它並不是要確定每個字詞的描述涵義（應用準則），如此，很多字詞具含混性這一事實，並不造成對語言直覺這方面的作用的懷疑。

同樣，規範字詞如「好」、「壞」等，當然在不同的脈絡中具有不同的應用準則，好的刀子的標準並不同於好的車子的標準，甚至對於如何才算好的刀子，也會有異議。語言直覺的確不能幫助我們建立放諸四海而皆準的準則，只是規定，由於規範字詞也具有描述特性，其應用準則也須具普遍性。當然「刀子」、「車子」有固定的功能，所以將「好」冠於其上時便不能太隨意了⑲。

道德意義下的「好」或「應該」等字詞，是完全沒有固定的描述涵義的，因而沒有固定的應用準則，將這些字詞應用於某事物或事

⑱ R. M. Hare, *The Language of Morals*, Ch. 6.
⑲ 同上。

態，便即涉及對於一實質的道德判斷的認取，而從字詞的涵義本身並不能推論出實質的道德判斷的。當我們應用它們，才賦予描述涵義，但無論這涵義具有甚麼的實質內容，必須具普遍性，這是由描述涵義而來的邏輯特性。赫爾說：「任何明白『應該』一詞用法的人，無論他的道德見解是怎樣的，也都會有同樣的直覺。」[20]

由此可見，語言直覺只能發掘道德字詞的形式特性，對於實質的道德判斷，的確沒有提供任何指引，它亦從來沒有聲稱可以如此。重要的是，這些形式特性便構成道德字詞的全部涵義，就正如作為連接詞的「和」字的邏輯特性便是這字的全部涵義一樣。

至於一個規範字詞有歧義，或者不同的道德字詞有近似的涵義的情況，是無可避免的。也正由於有這種情況存在，哲學家們有責任對字詞的確切涵義進行分析，但當然不是單靠我們的語言直覺便能釐清。赫爾強調，當我們詢問道德問題時，不論我們運用甚麼字詞，我們必須明白所表達的概念。

> 要對日常語言中的用語作概念分析，藉著詢問人們，他們意指甚麼，是不足夠的……我們必須提議一些分析，再由此推出一些結論，例如怎樣說才是自相矛盾、或邏輯上一貫，或分析地真等。然後，我們必須查明，這些字詞在普通人的用法中，是否具有這些特性（即：它們是否被視為具有這些特性）。[21]
> 我並非認為，如果問一名普通人「你說的『應該』意指甚麼」，便會恰好得出一個與我的倫理學理論相協調的答案，而是認為，我的理論會作出一些預測，提到人們會把甚麼看成是自我矛盾

---

[20] 同[7]。
[21] 同 Hare 前引書，p. 80。

等等，而這些預測是與有關他的行為的事實相符的。㉒

赫爾所作的兩層道德思維的區分，幫助說明了：縱使在規範領域
內，有各式各樣甚或不相容的道德判斷，它們是不同的道德直覺的產
物，其中一些可以得到證立，一些則否，有些更是批判思維揀選的初
確原則，然而這現象卻不妨礙我們對道德字詞作一概念的分析，從而
把握到出現在不同判斷中的統一涵義，當我們這樣做的時候，唯一可
以依賴的，是我們的語言直覺。分析的結果，便可在批判層中建立道
德推理的法則。

總括來說，布朗特反對將倫理學建基於語言直覺的理由，只是：
(一)誤以為以語言直覺為根據的道德字詞的涵義具實質內容，因而有
所謂含混、歧義等問題；(二)以為所謂以日常用法為依據，卽意味著
在日常用法中直接呈現其涵義、毋須概念分析。假若明白了赫爾關於
道德字詞的理論，及其對於道德字詞涵義之需要分析的強調，則該等
理由便不能構成對赫爾的有力攻擊了。

經過以上的闡釋，我們大致可以同意，語言直覺若作為對字詞的
涵義及邏輯特性的理解所預設的主體能力，則在我們都懂得如何正確
地使用字詞的事實下，語言直覺是存在的。問題乃在於，人們是否具
備相同的語言直覺，以致能得出有關字詞涵義的一致的理解、甚至與
赫爾相同的理解。此點應視為有關語言直覺的爭論的核心。赫爾對此
很有信心，但是甚麼支持他的信心呢？他卻不能提供進一步的說明，
最多只是訴諸有限的經驗的考察而已。於是，他的有關語言直覺的說
法只能作為對道德語言的理解在主體能力方面的說明，而不能作為道
德語言具有某些涵義的證立。

㉒ 同前引書，p. 81。

尤其對於語言涵義有爭論的情況，這問題更顯得嚴重。正如在規範方面，我們不能利用道德直覺來平息道德上的爭論，在語言方面，我們也不能利用語言直覺來支持有關道德語言的理論。舉例來說，儘管我們碰到道德字詞的描述涵義的含混情況時，赫爾認為包含實質內容的描述涵義不為語言直覺所支持，所以這不是語言直覺需要負責的，然而，我們發覺，就算對於道德字詞的形式特性，依靠語言直覺並不能達致一致的結論。例如在普遍化特性方面，縱使人們直覺地覺得「我應該如此但無人在像我那樣的情況應該如此」是自相矛盾的，因而接受道德字詞具普遍化特性的理論。然而赫爾進而推論，為免自相矛盾，作道德判斷時便必須預備將其判斷普遍化，而普遍化的程序包含將判斷者代入受判斷影響的人的角色，並擁有他們的好惡取捨這步驟，赫爾並且聲稱，這是對一判斷稱得上是道德判斷，或者在判斷中稱得上沒有誤用道德字詞的要求，加之，由於這要求乃基於字詞的邏輯特性，故是一種邏輯的要求。關於這點，很多人不同意，例如麥吉（J. L. Mackie）便認為此乃道德要求而非邏輯要求㉓。我們看到，這裡出現的不同見解，再不能藉語言直覺來解決。

此外，假若對道德字詞的另一邏輯特性——指令性（prescriptivity）——方面的把握，也是基於語言直覺的話㉔，則描述主義（descriptivism）的存在，更使人加深關於語言直覺的效力的懷疑了。

（本文原刊載於《分析哲學與語言哲學研討會論文集》，香港：香港中文大學新亞書院，1993。）

㉓ J. L. Mackie, *Ethics: Inventing Right and Wrong*, Ch. 4.
㉔ 赫爾並沒有直接作有關的說明。

參 考 書 目

英文部分:

● Richard B. Brandt, *A Theory of the Good and the Right,* Oxford: Clarendon Press, 1979.

● R. M. Hare, *The Language of Morals,* Oxford: Oxford University Press, 1952.

● R. M. Hare, *Moral Thinking: Its Levels, Method and Point,* Oxford: Oxford University Press 1981.

● J. L. Mackie, *Ethics: Inventing Right and Wrong,* Middlesex: Penguin Books Ltd., 1977.

中文部分:

● 里查德‧赫爾，《道德思維》，黃慧英、方子華合譯，香港: 天地圖書公司，1991。

效益主義與人權

效益主義 (utilitarianism) 作爲一種道德理論，飛越學術的藩籬，流行於現代人生活的各個層面，叱咤一時，它不單是人們日常生活抉擇的指引，也成爲商業機構、政治團體、政府機關的決策方針，甚至深入人心，使人們在人際關係、生命價值等重大人生問題上，形成特定的取向，凝鑄出一個時代的精神面貌。

效益主義之廣泛爲人接受，相信是與效益原則中的可計算性、實證性與現代人的科學、實證性格若合符節有關。效益主義的核心原則，就是所謂效益原則 (principle of utility)，卽：我們應該做的就是盡量擴大效益。而由於如何方能擴大效益只是技術層面的問題，只要對利益與代價作一細密的計算，其結果便是一明確的指示，尤其如果所計算的乃局限於經濟方面的利益，很多時都可以將利益與代價加以量化（那就是時尚的成本—利潤分析），故結果是不難獲得的，並且計算的對錯容許核驗，一般人乃認爲這樣方是「客觀」、「科學」，這樣一來，便將難以捉摸的關乎「應該」的道德問題，化約成具體實際的利益的計算問題。

效益主義被認爲優越的地方是它提供一套清晰明確的指引，能夠在現實的具體情況中應用。但是很多人就看中了它這方面的特點，斷章取義地剪裁了它的計算原則，爲利己主義 (egoism) 服務。我們

見到，效益主義本來是一套大公無私的道德理論，根據效益原則，無論決定是否對個人有利，只要依決定作出的行為，能夠令整體效益擴至最大，便應該去做。可見效益原則所考慮的效益，是公利而非私利。然而決策者往往將此原則置於利己原則之下，將其矯扭成適合利己主義的一種處事方針，如此，個人將效益原則改寫為：我應該做的就是盡量擴大我自己的效益；公司或機構的決策者改寫為：我們應該做的就是盡量擴大公司（或機構）的效益；國家領袖則改寫為：我們應該做的就是盡量擴大國家的效益（當然甚麼是國家的效益可以有不同的界定）。利己主義式的效益原則，再不是一項道德原則，只是徒具效益主義形式的為己理論（prudential theory）。正因如此，便解釋了被誤認為以成本一利潤分析為精髓的效益原則（已變成為己理論）為何受到個人中心的現代人所擁護的現象。此亦正好說明效益主義為何一向被國人譯為「功利主義」，而「功利」在一般人心目中，仍受到貶斥與排拒❶。

當然，反對的聲音不單來自憑藉直覺或基於誤解的一群，主要的抨擊還是義務論者（deontologist），近年更受到權利論（rights-theory）的猛烈攻詰。權利論者認為效益主義對於個人（persons）以至其重要利益，造成威脅。本文將討論效益主義是否本質上註定不能安頓人的價值，同時，若要保留它的優點，是否便必須放棄人權。假使答案是否定的話，本文將進一步探索，是否有可能對效益主義作若干的修訂，使它能避免上述的攻擊。

在檢視效益主義所受到的批評及其可能的修訂之前，讓我們看看效益主義的成素。雖然偏重容或各有差異，但論者一致同意，其包含

---

❶　由於「功利主義」帶有貶義，故筆者一向避免採用，而跟隨石元康先生用「效益主義」的譯名。

下列四項組成要素：（一）後果成素：行動的對錯決定於其後果；（二）價值成素：後果的好壞乃由某些內在的好壞標準來評價；（三）範圍成素：決定對錯所須考慮的行動後果包括所有受行動影響的人；（四）效益原則：一個人應該盡量將好的內在價值擴至最大❷。四者互相關聯，故不能截然分開討論。

效益主義與義務論水火不容之點是效益主義的後果成素。所謂後果可以理解為「旁及的影響」❸，由於後果本身足以決定行動的對錯，於是反效益主義的其中一個論證乃指出，效益主義無法說明殺人是錯的。理由如下：（一）當旁及他人的影響是負面時，殺人才是錯的，但這單純對於旁及影響的考慮而無視被殺者生命的毀滅，是有違直覺的。（二）「殺人是錯的」乃完全決定於事實上該殺人行動是否真的產生負面的旁及影響，但假若此負面影響不出現，或者可以被「中和」，則沒有理由反對該行動。（三）雖然我們可以對「殺人會產生負面的旁及影響及絕少可能被中和」作一頗安全的推廣，然而，這畢竟是對偶然事件的推廣而已，在特殊的情況下，這推廣並不適用。（四）基於（三），甚至有些情況，殺人會帶來正面的旁及影響，那麼，效益主義會提供殺人的正面理由❹。

R. G. Frey 在他所編的《效益與權利》一書的引言中指出，上述這些只考慮旁及影響所引起的問題，正好反映出效益主義對「人」的觀念❺。假設以下討論的效益主義所持的價值觀是以「快樂」為內在價值（設定一種價值觀是為討論方便起見，不同的價值觀對當下的

❷ 可參考 R. G. Frey, "Introduction: Utilitarianism and Persons", *Utility and Rights,* R. G. Frey (ed.), p. 4。
❸ 即 "side effect"，通常譯為副作用，但在此脈絡中不大貼切。
❹ 同 Frey 前引書，pp. 6-7。
❺ 同前引書，p. 7。

討論關係不大，此點下文有交代），於是根據效益原則，我們應該做的就是盡量擴大快樂，在殺人的事件上，假使人被殺所失去的快樂，能被增加的快樂補償，則殺人並不是錯的。在這裡，我們可以見到，人是可以被取代的（replaceable）。個人只是快樂的盛器，效益主義關心的是世界上快樂的總量，人的重要性僅在於盛載快樂，每個盛器都是一樣的，一個損毀了可由另一個取代。個人的獨特性可以與其盛載的快樂分割開來，如果快樂的總量不變，至於誰擁有它是無關重要的，而快樂的總量是藉著計算所有的快樂的總和而得出，計算中的快樂是獨立於個人的（person neutral）。

既然個人不重要，可以被取代，個人與其快樂可以分割開來，於是對於效益主義者所重視的快樂來說，亦可以作出交易，只要交易的結果能導致快樂總量增加便成。如此，藉著減少一人的利益而使他人利益增加的做法，是容許的。從這種犧牲（可名之為「效益主義的犧牲」（utilitarian sacrifice））反映出效益主義主要關心的是世上快樂的總量，而非快樂的分配。由此引申，沒有任何人原則上可免於被犧牲，沒有任何一類利益不可以犧牲，生命中也沒有任何一部分，對於個人來說是非常特殊及重要的，以至於不容犧牲。此種犧牲更且沒有底線，最後連整個人都可以被犧牲掉、被取代。故從效益主義的犧牲來看，亦可證立殺人。

個人的可被取代性以及效益主義的犧牲，顯示出效益主義將個人及其重要利益置於岌岌可危的境地，人的生命及利益的保障僅依賴於偶然因素，隨時受到威脅，這就是效益主義被認為賤視人的尊嚴及地位（也就是人權立足之基石）的地方了。

上述的「殺人問題」及其所揭示的關於效益主義對人的觀念，論者認為，固然是由於效益主義的後果成素，但癥結乃在於其對於價值

ill

的理解。根據效益主義的觀點，不論以甚麼作爲內在價值，價值總是可以共量（commensurable）及比較的。例如就快樂來說，誰人的快樂、怎樣的快樂、如何產生的快樂都無關重要，完全可在一量度指標上加以衡量；個人的具體快樂可以以某種方式，化約成爲量度指標上的函數，這就是可取代性所以可能的根據，也就是古典效益主義被攻擊爲沒有正視生命的內在價值的根源。

面對這些古典效益主義的理論問題，效益主義者發展出一種新的型態，就是取捨（preference）（或欲望 desire）效益主義，此種取捨效益主義乃以取捨（或欲望）的滿足爲效益。「取捨的滿足」與「快樂」❻ 不同之點是：快樂 —— 就我們在此脈絡中所用的涵義而言 —— 只局限於赫爾（R. M. Hare）所謂的「現時爲現時」（now-for-now preference）及「屆時爲屆時」（then-for-then preference）的取捨的滿足（「現時爲現時」的取捨即現時對於現時發生甚麼所具有之取捨，「屆時爲屆時」的取捨即將來某時對於屆時發生甚麼所具有之取捨），而「取捨的滿足」則更包括「現時爲屆時」（now-for-then）的取捨之滿足❼。

由於取捨效益主義主張，要擴大效益，便要取捨得到最大的滿足，如此，我們必須考慮所有受行動影響的人之所有現在及將來的取捨，於是，在「殺人問題」上，取捨效益主義便可建立反對的理由。此點可闡明如下。我們曾論述，古典效益主義如快樂效益主義，要求人們盡量擴大效益，亦卽增加快樂，在殺人事件中，若殺人能增加快

---

❻ 「快樂」有廣狹二義，文中一直取其狹義——等同於「正在享受」之義，其廣義可相當於現今所說之滿足感。參閱黃慧英，＜快樂主義的重檢＞（本書第 1 篇）。

❼ 關於這對比，可參閱 R. M. Hare, *Moral Thinking: Its Levels, Method and Point*, Ch. 5。

樂的總量，即是假若殺人的負面影響（主要來自被殺者快樂的損失）可以被中和、甚至產生正面影響的話，則可以證立此行動。在這裡，我們只考慮受影響的人（主要是被殺者）的當下快樂的量，此量是有限的，故總有可能被超過。然而對取捨效益主義來說，我們考慮的是受影響的人的取捨（同樣，負面的影響主要來自被殺者），包括被殺者所有將來的取捨；一個人被殺了，他的所有將來的取捨都無法得到滿足，而將來的取捨是無限的，原則上不可能被中和或超過。除了將來的取捨之外，一般而言，人對於繼續生存下去之欲望，是非常強烈的，他人的其他欲望（欲其死或欲以其死亡達到其他目的）相對來說都無法超過，由此不能藉著效益原則來證立殺人行爲。此外，取捨效益主義亦可避免「以人爲可替代的」之詬病，因爲被殺者由於死亡而導致其欲望之得不到滿足，絕不能藉著他人的滿足而彌補。

然而批評者認爲，縱使取捨效益主義在一般情況下，可以反對殺人行爲，但有一些特殊情況，例如被殺者有一非常強烈的終止生命的欲望，並且拒絕擁有任何將來的欲望，他還預見「屆時爲屆時」的欲望（如有的話）亦與此一致，則會提供一殺人的理由。至於效益主義的犧牲問題，對取捨效益主義來說，依然存在，因爲假若犧牲某人所獲得的欲望滿足，遠較所損失的爲大，則可以要求此種犧牲。同樣，只當被殺者有強烈的生存欲望時，才可保證人之不可替代；在特殊的情況下，個人仍舊可以被取代的。

由此可見，雖然取捨效益主義不單考慮旁及他人的影響，而顧及一個人作爲個人所擁有的欲望，但如 Frey 所言，由於效益主義者將個人與其欲望分割開來，分割的結果，使得欲望不具獨特性（uniqueness），因而可以共量❽。一個人是否容許被取代、他的利益是否

---

❽ 同 Frey 前引書，p. 14。

容許被犧牲， 全決定於他與他人在欲望的強度方面的比較。如此，既然以強度為量度的指標， 便重現古典效益主義的問題 —— 殺人之為錯， 只因其導致欲望滿足的損失， 但當負面價值被中和， 甚或正面價值出現時， 殺人是可以證立的。

既然根據批評者的分析， 取捨效益主義的致命傷在於其重蹈古典效益主義的覆轍， 將欲望與作為主體的個人分割開來， 因而造成欲望間的可共量性， 那麼， 我們必須檢視欲望與個人分割是否為取捨效益主義的組成要素， 又是否為可共量性的必要條件。

首先讓我們重新考察取捨效益主義與古典效益主義如快樂效益主義的分別。我們看到， 取捨效益主義以取捨或欲望的滿足為效益， 而快樂效益主義則以快樂為效益， 除了在上文指出的快樂與欲望的滿足的不同之處外， 「欲望的滿足」與「快樂」的重要分歧不是在於前者是快樂之外的另一種價值（否則它們遭遇的問題是相同的）， 而在於「取捨的滿足」本身容納各種不同的價值， 而快樂只是其中之一； 所謂容納， 是指個人作為一價值主體所作出的賦值活動， 個人根據自己的價值觀對事物賦予各種價值， 在行動上表現出來就是取此捨彼， 所以， 取捨或欲望是與價值主體緊密關聯而不可分割的。於是， 一個人作為價值主體 —— 價值的賦予者 —— 的生命是不容許作為手段被取代， 他的利益即欲望的滿足也有其獨特性而不能隨便被犧牲， 除非他所認取的道德原則命令他如此。假使真的這樣的話， 他亦只是臣服於自己的價值觀或道德原則之下， 因而並沒有失卻主體性， 人之尊嚴與人權亦得以保住。

這裡， 我們看到， 對於效益主義者來說， 犧牲利益甚至生命不必然導致喪失主體性， 相反， 當他根據自己的道德原則作這樣的道德判斷時， 正是他發揮道德主體性的極致。有尊嚴地作自我犧牲、還是作

爲工具被犧牲掉，關鍵全在於他是否認取那勒令他犧牲的道德原則。

　　一個人的主體性除了體現於「他的」道德原則之外，還反映於「他的」欲望中。前面已提及，所謂欲望，不是指與生俱來的本能式的欲求，而是那些已經由個人的價值觀所調節的、甚或根據爲己原則所制訂的生活取捨。在這方面，一個人對於這些欲望的輕重分量，是可以自由賦予的。只要發爲行動之際，若影響他人，便必須以道德原則作依歸（此便是道德原則的凌駕性特質）。雖然如此，一般來說，個人對於維持自己生命的欲望都賦予極大的分量，他人的欲望甚至其他眾人的欲望，是很難超過而要求他犧牲的。

　　取捨效益主義既然將取捨或欲望視爲效益，於是行動的單純後果（卽某些事態的出現）並不能決定行動的對錯。原因是，同一行動，表面的後果相同，但若基於不同動機，則受到接受的程度便可能有分別，亦卽受影響的人所賦予的取捨分量便有不同，此點正能劃清正面責任與負面責任（negative responsibility）的差異。此差異在殺人事件上便很明顯地消解了問題：縱使某人在某時並沒有強烈的生存欲望，但未必寧願被殺，因此正面的取捨滿足未必能超過負面的取捨滿足，所以不一定能證立殺人行爲；除非，正如上面一再強調的，個人自己願意如此❾。

　　至此，我們清楚了取捨效益主義並沒有將取捨或欲望與個人分割，反而是，所有欲望都已注入個人價值而被分別賦予若干分量，所以我的欲望不等於你的欲望，也不等於某人的欲望，我們並不能將之理解爲「在這世上存在著如此這般的欲望」，該欲望對於我來說，有特殊的意義，同樣，我的欲望之滿足並不相當於他人欲望的滿足，我對滿

❾　此亦解決了效益的分配問題，這與道德判斷的可普遍化特性甚有關聯，本文不能詳論，請參閱黃慧英，《後設倫理學之基本問題》之＜現代效益主義＞一節。

足欲望的要求並不能藉著他人欲望得到滿足而達致。這就是欲望對於主體的獨特性。

欲望雖具獨特性，但不必因此而不能比較；事實上，這類比較是在個人內部經常作出的：咖啡或茶、打球或看電影、家庭或事業、魚或熊掌，在在都要作比較，然而比較的進行並不會使其喪失獨特性。剛剛指出，個人根據其價值觀而賦予欲望一定的分量，其實這分量即是取捨的強度，換句話說，取捨的強度充分反映出在個人價值觀下某欲望的地位，而在比較欲望的過程中，欲望的獨特性是以其強度表現出來。在人際間的欲望比較方面，亦以此種方式進行。假若我們不認為個人內部的欲望之比較使欲望失去獨特性，為何指控人際間的欲望比較會如此呢！

古典效益主義被批評為其效益原則令到快樂與個人分割，取捨效益主義同樣被攻擊為使到欲望與個人分割，然而如果我們明白，取捨效益主義的欲望早已蘊含價值，故欲望本身不可能與個人分割，在此層面上，個人之欲望不可取代。只是當作比較時，以取捨的強度反映個人所賦予欲望的價值，那時強度較弱的會讓步於較強的欲望，尤其個人與他人利益衝突之際，效益主義者便會根據效益原則作判斷，不過依然是：較弱的取捨滿足須作讓步。此時需要作出的犧牲，並沒有導致人喪失其主體性，因此原則是他所認取的，此點上面已詳論，不贅。

至此，我們應該察覺，為人詬病的可共量性的假定，不單不是缺憾，而是任何為己理論以至道德學說的優點。此優點便正是前述效益主義廣泛為人樂用的因素了。

總括來說，取捨效益主義肯定欲望的可共量性，基此發展出一套計算方法，使人們根據其道德原則，並運用其計算方法，指引行為與

抉擇，然而不必預設人與其欲望互相分割，繼而導出決策者只關心效
益的總量而忽略人的獨特性這結論；此外，縱使效益主義要求人在某
些情況作犧牲，但此只是個人認取的效益原則的要求，亦即是一種自
我要求，個人並不因此而喪失主體性，反之，此乃一種實踐或發揮主
體性的契機，因此，不能斷言效益主義因其後果成素便必然賤視人的
尊嚴與地位，以及生命的價值，是否如此還須決定於其擁有怎樣的價
值成素。

　　最後值得一提的是，批評者往往使用諸如殺人事件的一類問題來
顯示效益主義的缺憾，乃訴諸「殺人是錯的」之直覺，其實，對於
「殺人必定是錯的」就算在我們的直覺之下亦沒有一致的看法，而「殺
人行為」涵蓋性之廣，就正如「殺人」這用語之含混程度一樣，細察
之下頗令人咋舌，故根本不能作為攻擊效益主義的武器。

　　（本文原刊載於《鵝湖月刊》第207期，臺北：鵝湖月刊雜誌社，1992。）

參 考 書 目

英文部分:

- R. G. Frey, "Introduciton: Utilitarianism and Persons", *Utility and Rights,* R. G. Frey (ed.), Minneapolis: University of Minnesota Press, 1984.
- R. M. Hare, *Moral Thinking: Its Levels, Method and Point,* Oxford: Oxford University Press, 1981.

中文部分:

- 黃慧英, 〈快樂主義的重檢〉, 《鵝湖月刊》第162期, 臺北: 鵝湖月刊雜誌社, 1988。
- 黃慧英, 《後設倫理學之基本問題》,臺北: 東大圖書公司, 1988。

無私與偏私的調和

一、前　言

　　對於利他主義的倫理學（altruism）來說，　最重要的課題就是
「怎樣的道德原則才是大公無私（impartial）的？」這相當於「如
何建立利他主義的道德原則？」因為利他主義正是一種將他人的利益
也無私地加以考慮的道德觀點❶。托馬斯・內格爾（Thomas　Nagel）
在《利他主義的可能性》（*The　Possibility　of　Altruism*）一書
中，　更對於這種對他人利益的考慮在甚麼基礎上才可能的問題，　加以
全力探討，　此則可以說屬於後設倫理學的研究。

　　據通常的理解，　「無私」乃與「偏私」相對，　所以利他主義原則
往往要求人們將私心排除、壓制；　有些哲學家更將利他主義建基在語
言邏輯上，　使得考慮他人利益成為一種邏輯的要求，　必須為正確使用
語言的人所遵從❷——無論他的私心有多重。如此，　對於利他主義來

---

❶　正如 Thomas Nagel 在 *The　Possibility　of　Altruism* 與 R. M.
　　Hare 在 *Moral　Thinking:　Its　Levels,　Method　and　Point* 中所指出
　　的，「利他」不必是捨己忘我，而是在作道德抉擇時，他人的利益亦佔一席
　　位。
❷　例如 R. M. Hare，可參考其 *Moral　Thinking:　Its　Levels,　Method
　　and　Point*。

說，既然大公無私的原則必須爲人遵守❸，因此，建立了大公無私的道德原則便大功告成，餘下來只有實踐方面的問題。

上述利他主義的課題，也是內格爾在《利他主義的可能性》一書中致力討論的焦點：然而，在他新近的著作《平等與偏私》（*Equality and Partiality*）中卻指出，無私的道德要求只是行爲的其中一種決定力量，個體的動機在決策中亦扮演一重要角色，前者根據非個人的立場（impersonal standpoint）作出，後者則從個人立場（personal standpoint）出發，這兩種立場同爲每個人所有，而解決它們之間的正當關係，以及極可能產生之衝突，在內格爾看來是政治理論的「最困難」問題❹。因爲上述的關係反映在社會生活上，就是個體與個體間、以至個體與集體間的關係，政治哲學便是要探尋此等關係在社會方面或政治方面的合理安排。雖然如此，我們必須先解決兩種立場的關係，而此乃倫理學的首要任務。

二、個人立場與非個人立場、無私與偏私

每個人作爲一個特定的個體，在某時某地存在，有個人的關懷與追求、欲望、利益以及人生目標、生命計劃，這些個人的特質便構成個人立場。另一方面，假若將這些偶然的個人因素抽掉，不再從世界上某一特定位置去作評價，所展示的便是非個人立場。當一個人察覺到自己以外的其他人，同樣有其關懷、欲望、計劃等等，便可發掘事

---

❸　爲所有人還是爲某些人必須遵守，要視乎利他主義所以可能的基礎這後設倫理學理論。

❹　Thomas Nagel, *Equality and Partiality*, pp. 4-5.

物有非相對於自己而言的價值，此賦予他意識非個人立場之可能。從非個人立場出發，對自己重要的行為結果，對他人來說，也許同樣重要，並且由於抽掉了個人的目的、利益與欲望，因而同時抽掉了個人的同一性 (identity)，則誰是施與者、誰是接受者、誰是犧牲者、誰是受惠者，都沒有定準，由此可以見到有些價值不單對於某些人如此，對於所有人亦然，因此我們無論身處什麼地位，也要設法實現，這就是一般認為的道德的要求，由此更可證立非個人立場是一種無私的立場。

傳統倫理學往往將從個人立場看來必須實現的價值視為具支配性的，個人立場下的種種個人價值都要讓步甚至壓制，但是內格爾指出，個人對自己生命的特殊關切是不能取消的，這是心理方面的事實❺；不但不能取消，也不應取消，因為每個人不只為他人而活，也為自己而活，生命是屬於自己的，每個人都可以建造自己的理想，並且窮畢生之力追求。這點就算是在無私的立場下亦加以肯定的，不過所肯定的並非特定是某個人的生命及理想，而是所有人的生命及理想而已。由此看來，大公無私的觀點並不泯滅個體的重要性，反而是對它們作一視同仁的重視。

然而，單單強調兩種立場並存，並且地位同樣重要並不足夠，因為事實上兩種立場常常衝突；例如，當非個人立場要求犧牲我們的利益去救濟災民的時候，我們卻想保留那些資源去達成個人目標，那麼如何抉擇呢？正如內格爾清楚看到，有些無關重要的情況，我們願意服從非個人立場所制訂的公正做法去解決問題而又毋須放棄原來的個人想望及動機；舉例來說，若兩個人同時都想吃最後一件蛋糕，則可

❺ 同前引書，p. 28。

以以某種大家贊同的方法去決定誰去獲得它，此時沒有人需要放棄吃蛋糕的欲望及動機，只是以一種公正的方式去處理事件。但若兩個人所爭的不是蛋糕而是在船下沈時的最後一件救生衣，則未必能夠在公正的安排下「關掉」個人的動機，因為那時後者是佔優勢的。內格爾認為，對於一些倫理學理論來說，這不算是道德方面的缺失，只是道德上對公正及平等的要求的極限而已。但他補充說，雖然有這些極限，文明人面對非個人的要求及個人目標間的衝突，須以非個人判斷來限制或安頓個人的取捨❻。如何去「限制」或「安頓」，換一種說法，如何才是衝突雙方的平衡或和諧狀態，就是倫理學的探究核心。

　　還有一點值得注意的：上述的衝突並不應理解為個人利益與道德之間的衝突，而是道德的要求本身要建立在個人立場與非個人立場二者之合理關係上，故此非個人立場不相當於道德的立場，後者是在能夠安頓個人立場的非個人立場下對個人行為的要求。可以說，道德包含以下三方面：對自己偏私（個人立場），對他人大公無私以及尊重他人對他們自己的偏私（非個人立場），並調和三者❼。所以道德的考慮不單涉及在充分正視個人動機的條件下如何回應無私的要求，還要從另一方面來設想，作為希望滿足個人欲望的個體，如何才是對他人的合理要求這問題。

　　內格爾認為，兩種立場之間的關係不獨是倫理學要解決的問題，同時更是政治哲學的課題，因為它牽涉：甚麼環境使得我們符合該兩重要求成為可能。所謂環境，包括政治體制、道德習俗及規矩，內格爾相信，這些因素甚至可能改變人們對於個人價值與非個人價值之間的疆界的概念，所以他說：「我們必須將問題從『我們不論在甚麼環境，

❻　同前引書，p. 25。
❼　同前引書，p. 38。

應該如何生活？』轉而爲：『在甚麼環境我們可能一如我們應該的生活？』」❽「(只有)關於個人德行的原則並不足夠，世界必須合作。」❾ 所以「雖然政治理論的問題本質上是道德的問題，但其解答卻必須是政治的。」❿

三、道德分工

大公無私的社會政體必須以非個人立場出發，面對社會上每一個人，作出一視同仁的要求：不論是誰，只要是佔某一位置，便須符合該位置的要求；這些要求更可藉著社會制度而滿足。所以政體可看作人們將非個人立場所作的無私要求之外在化。然而由於上面一再強調的，我們除了非個人立場外也有個人立場，故此非個人立場所肯定而由社會政體落實執行的社會價值亦不能完全支配個人價值，必須保留個人價值的實現空間。於此內格爾提出「道德分工」的概念，那卽是：非個人立場藉著社會上無私的政體得到充分的表達，而在這樣的政體對個體之一視同仁的要求及支持保護之下，個人均可追求個人立場下的價值，簡化來說，就是：「公益」⓫ 留給政體以及人們在政體中的各種職分去實現，個人私下的目標則必須每個人憑自己的努力爭取。這種個人與政體在道德上的分工固然是一種理想，所以內格爾明確指出此並非一解答，只是解答的形式⓬。單從這種形式，無法確定某一政體對個人是否要求太過，或者對某些人來說卻是要求不足，亦卽是沒有

❽　同前引書，p. 52。
❾　同上，括號內之文字爲筆者所加。
❿　同上。
⓫　「公益」爲上述非個人價值的簡稱，包括集體利益與個人價值的保障。
⓬　同 Nagel 前引書，pp. 60-61。

確立怎樣才是一個不過分壓制個體的政體，根本的問題 —— 非個人立場與個人立場的衝突如何解決 —— 仍懸而未決。

一個理想的政體一方面代表非個人立場，另一方面又能容許每人有機會實現其個人價值，雖然二者間的分際尚未明確，但它們都為「無私」的概念所涵衍，因此，深入分析「無私」的特性，或可幫助我們找出解答。

初步看來，根據無私的立場作出的是一視同仁的判斷（此乃平均主義（egalitarianism）的原則），即是不因判斷者的身分地位而有特定的取向，亦即是，所追求的是所謂主體中立的價值（agent-neutral values）而非主體相關的價值（agent-relative values）。但是，單單「一視同仁」—— 對每個人作平等看待 —— 未必能得出大家一致接受的判斷，此乃由於「平等」或「平均」只關係到利益的分配，而沒有涉及利益的性質，所以「人人如是」的境況並不必定是可欲的（desirable），從這裡可見形式的普遍性只是為大眾接受的判斷的必需而非充分條件。

另一方面，內格爾認為，限定的效益主義（restricted utilitarianism）卻犯上與平均主義相反的錯誤，它在肯定個人權利之餘，以獲取利益之最大總量為依歸，此則重視利益之量而無視其分配，然而這種效益主義亦符合上述的「無私」的要求。於此，從平均主義與效益主義的問題顯示出，「一視同仁」意義下的「無私」之為不足，乃在於其但見其「同」而不見其「異」，即沒有正視每個人的特質以及基此而制訂的個人價值：平均主義將主體中立的價值平均分配給每一個人，而不理會那是否與他的主體相關的價值相配合，限定的效益主則義著眼於整體的共同利益的增加，而對此等增加是否對應個別的人的需要毫不在意。不關注分配的公平問題使效益主義陷入另一心理方面

的困難: 根據效益主義, 只要能增加利益的總量則無論所犧牲的是誰的利益也要遵行 (這正是其無私之點), 因此假若必須犧牲條件較劣的人的利益而增加條件較佳的人的利益, 從而促進整體的利益, 則這種做法亦可得到證立, 然而此則違反人們的心理傾向, 因而在動機方面的力量不可靠。

面對「一視同仁」的「無私」並不能保證令人滿意的安排這問題, 內格爾提出一種解決辦法, 就是在各方利益衝突的情況下, 任何一方都設身處地 (putting one in other's shoes) 想像自己在對方的位置❸, 使到最後作出的判斷是處於任何地位的人也可接受的, 因為該判斷在身處對方的假設情況 (hypothetical situation) 下亦可接受。這樣獲得的判斷才真正是普遍化的, 也才符合「無私」的嚴格意義, 因為這樣的做法乃真正從個人自己的立場抽離出來, 而將自己置於所有可能的處境, 所建立的非個人立場。由此亦可見到, 由於無私是要對每個人平等地關心, 而所關心的是每一個個別的人❹, 因此非個人立場既不是盲目地一視同仁的立場, 也不單純是不處身任何位置的立場, 而是具體考慮所有個人立場後不偏袒於任何一方的立場。

四、無異議的可接受性與合理的可否決性

當我們論及單純的一視同仁或在該意義下的「無私」並不一定能達致理想的判斷時, 已引入了理想判斷的準則, 即: 為大眾所支持。這準則可以為「非個人立場」這概念所涵衍: 一個人設想自己處於所有其他人的位置而贊同的判斷, 必定是為大眾所一致接受的。因此, 對

❸　同前引書, p. 43、65。
❹　同前引書, p. 66。

於一項建議，我們可以作如下的考核：假使有人能合理地反對，它便不是一非個人的判斷。這「無異議的要求」（demand for unanimity）便是內格爾提出的準則，這顯示出「普遍的可接受性」（universal acceptability）的理想[15]。這裡涉及「合理性」（reasonableness）一概念，怎樣才是合理呢？假若我們藉著「無異議的可接受性」來界定「合理性」，則上述的準則是竊題（begging the question）的，然而這裡是指經過設身處地將自己置於他人位置後而作的判斷，便爲合理[16]。平均主義因爲不能通過「無異議的可接受性」這條件，由此遭到否定。

當我們仔細分析內格爾的觀點時，便會發覺，原來無異議的要求並不單是非個人立場亦即嚴格意義的「無私」的準則，甚至也是解決非個人立場與個人立場之間的衝突的方向：當非個人立場所要求的與個人立場所要求的衝突時，我們要尋求一種無人能合理地提出異議的方案。假若有人合理地認爲他的利益沒有被充分照顧，或者要求他所作的犧牲太過分的話，個人立場便不能單在非個人立場下得到安頓。內格爾更以此無異議的性質來界定「認可的體系」（legitimate system）：「一認可的體系就是能消解無私與合理的偏私這兩項普遍原則的體系，使得無人能夠提出反對說：他的利益沒有被給予充足的分量或者對他的要求太過分。」[17] 認可的體系是政治哲學所尋求建立的理念，由此更可見道德哲學與政治哲學的密切關係。

正如內格爾在談論道德分工時所承認的，道德分工不過是解決個人與非個人立場間的衝突的一種形式，設身處地將自己置於他人地位

---

[15] 同前引書，Ch. 5。
[16] 同前引書，p. 65。
[17] 同前引書，p. 38。

同樣亦只是尋求合理性的程序上的條件，然而在置身於他人處境後，將各個體間衝突的利益、或非個人與個人間衝突的要求作怎樣的安排，才算是合理呢？這個關於合理性的標準問題，內格爾並沒有提供一個答案，並屢屢強調，他暫時沒法提供一確實的答案⑱。如此，內格爾將對兩種立場的妥善安排，藉著合理性去說明，而合理性又建基於兩種立場的妥善安排上⑲，那麼，他的解答終究是循環的，而設身處地的要求更失去其本有的意義。

五、效益原則與普遍化的要求

內格爾批評效益主義只將各人的利益「加起來」，以求找出一種對整體最有利的做法，這做法為所有人應該遵從，如此則是將無私的要求加於每個人身上，而不理會他們各有自己的偏私，且應得到合理的對待。內格爾攻擊的效益主義甚至不是古典的效益主義，而是赫爾（R. M. Hare）所修訂的版本。

> 這是因為他（赫爾）相信，當普遍律則要我們同時將自己置於所有受影響者的假設位置時，解決想像中的利益間衝突的唯一理性方法，就是將所有利與不利加起來，揀出能產生平衡後的最有利者的原則。⑳

---

⑱ 同前引書，p. 38、48、50。
⑲ 「當這些因素（筆者按：指對他人無私、尊重他人的偏私及對自己偏私）衝突時——一如它們無可避免地會如此——每個人在意識到他人的利益及偏私的情況下對於自己的合理偏私會有一安頓。」（見 Nagel 前引書，p. 38）「抗議之合理性決定於安頓偏私與無私的一般標準上。」（p. 39）
⑳ 同 Nagel 前引書，p. 44，括號內之文字為筆者所加。

　　從以上引文可見內格爾所理解的赫爾所提倡的效益主義，已經引入了「設身處地」的條件，問題乃在於對想像中的利益的處理方法上。這理解大體不錯，但若我們細心考察赫爾對普遍化原則的要求，以及其效益主義的計算基礎，便可明白他的效益主義並不出現內格爾所指出的問題。

　　赫爾的效益主義與古典效益主義不同之其中一重點，在於前者對道德原則的可普遍化的要求：一原則是可普遍化的，不單在於它能抽象地應用於所有人身上，還要在應用於所有受其影響的人身上時，判斷者須設身處地想像在每一位置是否都能夠接受。此要求正正是內格爾對於嚴格的無私的要求。

> 我們不是將所有他們（他人）的經驗結合成一個互相不能區分開的整體，或者假設我們有同等機會成為他們中之任何一個而去作選擇，反而是，我們必須嘗試去設想我們分別是他們的其中一個 —— 他們的生命就像我們的唯一的生命。㉑

試將此段引文與下一段比較。

> 從普遍化特性可以推出，如果我現在說，我應該對某人做某事，那麼，我就必須認同如下的觀點 —— 若我完全置身於他的處境，包括具有相同的個人特徵，特別是具有相同的動機狀態，則相同的事情便應該發生在我身上。㉒

㉑　同前引書，p. 68，括號內之文字為筆者所加。
㉒　R. M. Hare, *Moral Thinking: Its Levels, Method and Point*, p. 108.

第一段引文是內格爾談到想像地認同他人的觀點時，認為這樣（引文中所說明的）才是一適當的形式，此形式與第二段引文所說的幾乎完全相同，而後者是赫爾論及普遍化特性時反覆論述的。

既然赫爾強調在普遍化道德判斷的過程中，必須設身處地去想像他人的觀點，然後才作出道德判斷，如此則已符合內格爾對於嚴格的無私的要求。然而內格爾面對無私與偏私間的衝突（即非個人立場與個人立場間的衝突）時，便承認暫時沒有完善的解決方法，只留待每個人根據他的個人立場而決定非個人立場是否可接受，目標是希望找出無異議的原則。內格爾並沒有展示上述的決定機制，也沒有指出「合理地否決一原則」中合理性之準則。反觀赫爾，當他論述普遍化道德原則時，指出判斷者不單必須將自己置於他人位置，還要具有他人的好惡取捨（即上面引文中的動機狀態）❷，這樣，例如簡單的涉及兩人的事件中，判斷者同時具有兩種好惡取捨：一是自己原來的，一是在想像他人位置時具有的。假使二者衝突，則以取捨的強度決定應依從哪一種，這做法只是將人際間的衝突化約為個人內部的衝突，而後者是我們經常碰到且不難解決的❷。決定的結果必定為對方所支持，假若他亦同樣將自己置於他人位置的話。這是解決不同的個體間的好惡取捨的衝突的方法，而對於非個人立場的要求——即將自己置於他人位置後對自己及他人的要求——與個人立場的要求之間的衝突，亦完全可以同樣的方法處理，而解決的結果肯定會得到無異議的接受。

❷ 這相當於 J.L. Mackie 將普遍化過程所劃分的三階段中的第三階段，見 *Ethics: Inventing Right and Wrong*, Ch. 4，但赫爾一再聲稱就算普遍化可以分階段，但普遍化的特性則只有一個意義。見 Hare 前引書，pp. 108-109。

❷ 同 Hare 前引書，Ch. 7。

由此可見，從獲得嚴格的無私立場到無私與偏私的衝突之解決，只是一步之隔，內格爾不走這一步，只是由於將其與古典效益主義的計算方法混淆，以為結果同樣必定會導致「無私壓制偏私」、「個人立場臣服於非個人立場之下」的情況，而分辨不出古典效益主義單純將各方利益加起來的方法、與赫爾的效益主義將所有受影響者的好惡取捨充分呈現出來而後以強度作決定的方式❷，前者由於沒有經過設身處地的步驟，因此所有他人的利益都被視為外在於個人的要求，強加於個人身上，必須為個人接受，後者則正由於設身處地的步驟已將他人的取捨內在化而成為自己的取捨，所以結果是個人願意接受的，其接受的理由並非來自無私的要求或非個人立場的命令，而是來自人對道德判斷的普遍化之要求，此要求不單對於自己的判斷有約束力，對他人的判斷亦然，更重要的是，普遍化的要求是對於道德原則之為一理性的原則的形式要求❷。

　　這裡有兩點須澄清的：（一）由於普遍化要求已包含對個人立場的考慮，所以它不單代表無私的要求，普遍化的結果是個人立場與非個人立場達致平衡的結果，所以無論是誰，只要曾將判斷普遍化的，便會接受該判斷，這就是它可以達致無異議的結果的理由。我們可以說，理性體現於普遍化中，而普遍化則保證無異議的可接受性，因此，內格爾所擔心的「一致的同意未必會出現」的情況❷，是不會發生的。（二）普遍化不是必然無私壓倒偏私、或者多數勝過少數，因其結果乃

❷　赫爾明白指出，他的計算方法不是簡單的加起來的方法。見前引書，p. 123。
❷　同前引書，Ch. 6、12。
❷　當內格爾談到合理性的標準時，指出「認可性是各種觀點對於滿足各人的不可否決之條件的獨一安排的一致同意的結果。」他繼而說，可能達到此一致的同意是沒有任何保證的；因為並不能保證，在一既定的環境，是否能夠設計出一種安排，使得沒有個體從他的觀點可以合理地否決。見 Nagel 前引書，p. 38。

權衡各方取捨的強度而獲得，所以假若個人對某事有非常強烈的取捨的話，眾人的意見也得讓步。此正好是內格爾所預視的可能性❷。

普遍化既然是赫爾對於道德原則的形式要求，所以原則之為道德的不單由於它從非個人立場出發，不對任何人偏私，同時由於它亦照顧到個人立場，此與內格爾對於真正的普遍原則的要求，以至對於道德的涵義的理解相吻合❷。

此外，內格爾認為效益主義原則所引生的後果，可能造成人們心理上難以接受的情況（例如境況較劣的人須資助較佳的人），這點在赫爾的普遍效益原則下是不會出現的，所謂不會出現，不是事實上偶然地不會出現，而是概念上必然不會出現。因為該原則本身要求每人都設身處地想像他人的取捨，然後再作判斷，故不會作出令人難以接受的判斷。

六、變化氣質

內格爾在《平等與偏私》的後半部集中討論他所謂的道德分工的問題，即代表無私的政治體系與個人如何才能達致和諧的問題，因為如前所引述的：「雖然政治理論的問題本質上是道德的問題，但其解答卻必須是政治的。」❸他把「如何造就一個合適的環境讓我們能夠道德地生活？」的責任歸於政治哲學；其將理想的政體看成是無私決

---

❷ 見 Nagel 前引書，p. 50：「在某一層以上清楚地不要求我們去協助（情況較劣的人），因為就算我們意識到非個人的全部分量，亦可以意願『以相當程度保留個人領域』成為一普遍原則。」括號內文字為筆者所加。

❷ 前者見 Nagel 前引書，p. 50：「有誰試圖確認一可普遍化原則的，必須處身於這兩觀點，並且將它們結合起來。」後者見 p. 38。

❸ 同❸。

策的執行者的觀點， 對於連想像「東海之濱」也不可能的現代人來說，的確是切實的，然而他始終承認：理想政體的設計必須依賴於對個人立場與非個人立場的正當關係的解決，而「政治理論中的最困難的問題就是個體內部的衝突，而任何不處理其本源的外在解決方法都是不足夠的。」❸ 我在本文不打算深入細緻地討論內格爾所接觸到的政治哲學內部的問題，部分也正基於上述的理由。我相信，假若個人立場與非個人立場之間的正當關係得以確定，則政治哲學的根本問題便可迎刃而解（當然我不否認，政治理論內部的問題與錯綜複雜千變萬化的現實有著糾纏不清的關係，因而亟待清理）。

因此重要的問題是： 上述普遍效益主義處理問題的方法，是否完善呢？依照赫爾在普遍化過程中的計算方法，所計算的是欲望取捨的強度，這些強度是實然的已知（given）項目，判斷者設身處地將自己置於他人位置的目的，就是要了解這些強度，但僅止於了解及了解後作比較，對於欲望的性質及欲望的強度本身，並不作任何評價，而現實上可能有些人，具有極端強烈的個人欲望，就算設身處地了解他人欲望後，所作的道德判斷仍以滿足他的個人欲望為依歸。這些人就是所謂狂熱分子（fanatics）。舉例來說，一名守財奴就算設身處地體會到窮人要求改善生活的欲望後，仍可作出不放棄自己少部分財富而予以援助的應然判斷，而此判斷既符合普遍化的要求，故是「道德的」。這是赫爾的普遍效益主義的困難，當然對他來說，「純粹的狂熱分子」── 即經過真正設身處地的步驟而仍然堅持原初的欲望的人 ── 是不存在的❸。

赫爾只計算欲望的強度的做法，固然是不希望證立道德原則之前，

❸　見 Nagel 前引書，pp. 4-5。
❸　見 Hare 前引書，Ch. 10。

對欲望本身作出評價，因此種評價亦有待證立，故只好一視同仁，然而這樣便容許狂熱分子的存在，對於個人既存的欲望，不單不能控制或引導，更且對於其可能的不斷膨脹，亦無法加以規限㉝。

　　上述展示的問題似乎是西方倫理學由於固守於存在的事實（美其名為尊重事實）所出現的問題：環境以至於人的動機、傾向，都是既定（given）的事實，傳統倫理學便致力於對這些事實作出系統的說明，並尋求它們間的合理安排。但對於現實如何趨於合理、或更根本的：如何才算合理的問題，卻沒有足夠的正視。中國道德哲學的中心課題：「變化氣質」，根本不是西方倫理學關懷的重點。然而，在《平等與偏私》中，內格爾卻竟然注意到此問題。一方面，他強調個人立場的存在，同時承認個人偏私的合理性（故應受到尊重），另一方面，他提出個人動機的轉化（modification）的可能性。他認為無私的要求不單應視為對個人的一種外在制約，更應將無私內在化成為個人動機，這是對原初的無私與個人目標的對立情況的轉化，他繼續說，但是除非個人目標完全為無私所取代 —— 他認為是不可能且非可欲的 —— 否則仍出現個人與非個人的衝突㉞。因而在面對由個人的偏私所造成的不平等時，為求解決個人與非個人的衝突，他不像赫爾那樣提供一種比較方法，卻提出個人態度的轉變能改善不平等的境況，因為這樣可以減弱造成不平等的根源 —— 偏私㉟。

　　關於轉化的概念，內格爾只在數處輕輕觸及，對其真實涵義、實

㉝　雖然赫爾試圖以全知的天使長來分辨某些欲望對人類的未來幸福有利，並且指出理性要求人為自己的將來作精明打算，以期對人類的欲望加以限制，見 Hare 前引書，Ch. 10、11。但由於沒有人事實上是天使長，故此種限制便變成無效。

㉞　見 Nagel 前引書，p. 47。

㉟　同前引書，p. 112。

行的可能性及其解決問題的效力都沒有深入探討，或者這要期望他的下一部著作，但這對於解決普遍效益主義的困難，不失為一重要的提示㊱。

（本文原刊載於《鵝湖月刊》第209期，臺北：鵝湖月刊雜誌社，1992。）

㊱　這裡不能作進一步的探索。我初步的構想是，對於個人的欲望，可以在設身處地想像他人的欲望後，加以調整，然後再作輕重的衡量。

參 考 書 目

- R. M. Hare, *Moral Thinking: Its Levels, Method and Point*, Oxford: Oxford University Press, 1981.
- J. L. Mackie, *Ethics: Inventing Right and Wrong*, Middlesex: Penguin Books Ltd., 1977.
- Thomas Nagel, *The Possibility of Altruism*, Princeton, N. J.: Princeton University Press, 1970.
- Thomas Nagel, *Equality and Partiality*, Oxford: Oxford University Press, 1991.

變 化 氣 質
——儒家關於內在轉化的睿智在道德上之意義

一

我曾在別處指出 ❶ ，儒家雖然嚴辨義利，但並不盲目反對利，其所認爲須加以限制的乃是私利私欲而已，公利是可以並且應該追求的，堯舜的抱負就是要使天下百姓得到安頓。這抱負對於堯舜來說，是將非個人立場內在化成爲個人立場，甚至取代了後者，然而我們不該將這種狀態視爲對個人欲望的壓抑，卻可看成是個人充分認同了非個人立場的價值，而最終以實現該價值爲個人的終身目標，是時個人欲望與非個人立場二者合而爲一，於此乃體現出聖者的胸懷。❷

堯舜以至中外聖人爲我們展示出私利（個人欲望）等同於公利，亦等同於當行之義的境界。然而不必每個人都擔負堯舜之志，正如內格爾所見到的，以非個人立場完全取代個人立場是不可欲的 ❸ ，對於尋常百姓來說，每個人都有他的個人目標，這些個人目標也不必是公爾忘私、以公爲私的堯舜抱負，只要世上每人順應其才情，盡量打破才具上的局限，努力實現個人目標，人文世界便會與勃旺盛，處處盡

---

❶ 見黃慧英：《後設倫理學之基本問題》，第 5 章。
❷ 關於個人立場與非個人立場的應有關係的討論，見本書＜無私與偏私的調和＞一文。
❸ Thomas Nagel, *Equality and Partiality,* p. 47.

見生機。因此，卑微如曾點的志願，由於乃根植於他的性情，更由於其在容納各式意願的文化氛圍中方能萌發，以致聖人縱有安頓天下之抱負，亦禁不住嚮往其實現之美，由此可見，雖然很多時私利不相當於公利，但亦不必與義不相容。

「義」就是道德準則，我們固然不能從行為是否帶來私利來決定其對錯，甚至也不能由其是否帶來公眾利益斷其是否當為，因為人之所欲者未必盡符理性，是以公利之與義，始終不能等同。這點本就是反效益主義者的重要理據。一般理解，效益主義以人的欲望為已知，而只以謀求在眾人欲望衝突時的公正處理，目標是務要實現最多的公利。普遍效益主義哲學家赫爾亦承認，個人可能有些欲望，是與將來的欲望衝突的(如現時為屆時的欲望(now-for-then desire) 與屆時為屆時的欲望 (then-for-then desire) 衝突)，那麼，我們是否在考慮應如何作時，將所有欲望的滿足都計算在內呢？如果是的話，則「這不一定是導致我們得到最大幸福的行動 (所謂『最大幸福』，是意指所有我們『現時為現時』及『屆時為屆時』的好惡取捨，在總和上得到最大滿足)；因為我們也許有強烈的先存的『現時為屆時』的好惡取捨，結果導致一些行動，是我們在屆時十分寧願自己沒有採取過的，因為這些行動導致了我們『屆時為屆時』的好惡取捨得不到滿足。」❹ 在這問題上，赫爾提出了「為己精明打算的要求」(principle of prudence)。這要求就是：我們應當經常在當下具備一佔優勢的或凌駕性的好惡取捨 —— 寧願使我們「現時為現時」及「屆時為屆時」的好惡取捨，得到最大滿足❺。這即是說，假使一個人是為自己將來設想

---

❹ R. M. Hare, *Moral Thinking: Its Levels, Method and Point*, p. 105.
❺ 同上。

的話,便會根據所預見的屆時為屆時的欲望,對現時的欲望加以調整。然而,這符合為己精明打算的要求是否理性的抉擇的必要條件呢?赫爾並沒有明確說明,但當他談到那些不為自己精明打算(即容許強烈的先存的「現時為屆時」的好惡取捨,凌駕於經完全展現的「屆時為屆時」的好惡取捨)的人時,稱他們為「為己方面的狂熱分子」(auto-fanatics)❻,這名稱似乎意味著他們是不理性的。赫爾更提出,當我們在作道德判斷時,需要普遍化的他人的好惡取捨,只包括那些當他們是為自己精明打算的情況下具有的,當然現實上我們不一定具有關於這方面(甚麼才是一個為己精明打算的人所具有的取捨)的知識,理論上唯有依賴全知的天使長去說明這種認知方面的理想條件。

上面顯示出,在個人的選擇方面,順應自己(當下的)欲望不一定是理性的,所以我們要提出為己精明打算的要求,加以限制,然而,在道德方面,當狂熱分子出現時❼,其他人的欲望都要讓步,而這樣做乃符合道德的可普遍化要求,甚至這普遍化經過設身處地的角色互換程序,亦會由於尊重事實而得出以上的結論。狂熱分子出現的事例,是以極端的形式展現出問題,所以縱使一如赫爾相信的,現實上純粹的狂熱分子真的不存在,則問題不會因此而消失,例如:在一普遍事件上,在多人輕微地不希望某事發生(舉例來說,30人以2單位強度不希望A發生),同時少數人頗強烈地希望該事發生(5人以8單位強度希望A發生)的情況下,道德要求我們指令該事不發生,因為這樣做能使到最大的欲望得到滿足。我們說這與狂熱分子的問題

---

❻　同上。

❼　奇怪的是,赫爾承認有「為己方面的狂熱分子」的存在,卻不認為現實上有純粹的狂熱分子。

同屬一類，因為二者建立道德判斷的方法同出一轍，就是以最大的欲望滿足來作道德的依據，亦即是比較各種做法的人數與欲望強度的乘積，最終是少數服從多數。狂熱分子的事件，只是顯示出當人數極少而欲望極強的特殊情況。由此可見，赫爾的計算方法，仍不出以質化約為量的方法。

二

　　赫爾的效益主義被認為較傳統的效益主義革新的地方，就是前者是以普遍指令論為其重要組成部分，尤其普遍論方面，以普遍化原則為道德判斷之必要條件，但這原則在他的效益原則中扮演甚麼的角色呢？普遍化原則要求道德判斷必須為各方接受，這要求我們在作判斷時，要將各人的欲望強度作比較，而所謂作比較，必須設身處地將自己置於他人境況，向自己呈現出他人的欲望，並形成與他人欲望相同的自己的欲望，這種做法，即是將人際的比較化約為個人內部的比較，既然全都是「自己的」欲望，只以欲望的強度決定道德判斷，結果肯定會保證了該判斷為各方接受。事實上，我們可以清晰見到，設身處地的普遍化程序只是提供了「認識事實」的途徑❽，確定所得資料正確後，根據同一的計算程式，算題的答案當會一致。

　　　　我們就整體而言所寧願的，乃決定於：在沒有外在壓迫的情況下，權衡所有好惡取捨所得出來的結果；我們從整體考慮，結果得出來的好惡取捨，是我們個別的（也許還是衝突的）好惡

------

❽　見 Hare 前引書，p. 88。

取捨及其各自強度的函數，再沒有別的了。❾

很多倫理學者都認為，普遍化的規定是使到道德原則（或判斷）成為公平的原則的一項要求；就算對赫爾來說，上述的規定是一種邏輯要求，但他也明確指出：「道德判斷只是在一個意義之下可普遍化，這就是：它們涵衍對於所有在普遍特性方面等同的事件的等同判斷。」❿且認為符合此條件的道德判斷是大公無私的⓫。然而，究竟普遍化的道德判斷在甚麼意義下是公平的呢？在上述的分析下，我們發覺，經過角色互換程序以後的道德判斷，乃因其在假設事件中同樣可接受，在此意義下而為公平。換句話說，當我具有他人的好惡取捨時，我仍會接受該道德判斷，這點在上文已反覆申明，完全由計算程式所訂定，問題是，事實上我並不具備他人的好惡取捨，例如在牽涉狂熱分子的事件中，當且僅當我在假設情況中，具備狂熱分子的極端好惡取捨時，我才會作出滿足狂熱分子的欲望的道德判斷，但現實上我並非狂熱分子，單純因為我並非狂熱分子而需要順從狂熱分子之所欲並且為此而壓制我個人的欲望，是否公平呢？從這問題，我們亦可見到，「普遍化」在作道德判斷的過程中，不屬於計算程序的一部分，只是獲得資料的必需步驟，計算的方法始終是已知好惡取捨的總和，因此，道德原則並不因通過普遍化而變得更公平。此外，關於好惡取捨的事實，是否一不可變易的因子呢？假如是的話，應然判斷是否應該與現實 —— 無論多壞 —— 妥協呢？在制訂個人生活方針的問題上，理性要求我們為自己作精明的打算，根據預見的未來取捨來調整現時

❾　同前引書，p. 225。
❿　同前引書，p. 108。
⓫　同前引書，p 129。

的好惡取捨,這是以「未來之我」的觀點來指導「現今之我」。但是,為何在道德問題上,我們只讓他人的好惡取捨呈現出來,甚至自己形成相當於他人的好惡取捨之自己的好惡取捨,卻沒有要求在呈現他人的好惡取捨之後,以此作根據,修訂自己原來的好惡取捨?赫爾的看法可能是,除了全知的天使長以外,沒有人能夠肯定他人的好惡取捨是不理性的,縱使其強度達致狂熱分子的程度,加之,他認為雖然人們在作道德判斷時,應模仿天使長的無私以及全知,但在現實上沒有人是天使長(更沒有人有權聲稱自己是天使長),所以沒有人可以根據自己的觀點來貶斥他人的取捨,必須如如地接收事實,並據此來作道德判斷。

> 有些好惡取捨,甚至是在為己精明打算的領域內,也可以是比其他的較為理性,但在最低限度上,仍是有頗多絕對自主的好惡取捨,是不能化約的,對於它們現在或將來的樣子,理性只有接受而已。在此程度上,休謨是對的 (1739; II, 3, III)。可普遍化特性的效果,就是強制我們去找尋一些原則,是可以用來公正無私地使這些好惡取捨得到最大滿足的;可普遍化特性並不拘限好惡取捨本身。❷

這一方向可看成是對狂熱分子的縱容。

另一方面, 假定人的好惡取捨並非不可變易的, 正如赫爾也承認:「我們的好惡取捨可以改變;其他人的也可以。我們必須記著,好惡取捨不是固定的,而是會變的。這表示, 我們以及其他人都有自

---

❷ 同前引書, p. 226。

由去寧願一切我們所寧願的。」❸ 那麼，在作道德判斷時，人們可能會爲了成功地滿足自己的好惡取捨並得到道德的證立，而將原來的好惡取捨之強度加強，但由於道德並不拘限或制約好惡取捨，所以亦不會譴責這種做法。假若循此方向，是否鼓勵人們皆成爲狂熱分子？

上述的問題，可以這樣的方式概括闡明：根據赫爾，普遍化的道德判斷必定會爲各方接受，包括受害的一方，因爲該判斷乃經過（雙方）設身處地將自己置於對方地位、具有對方的好惡取捨後，依據效益原則而建立的，但它爲受害者接受，只由於效益原則被設定爲最高的道德原則，當受害者的取捨強度較弱的話，他便應當接受，假如他是效益主義者的話。由此看來，藉著道德判斷同時爲各方接受（包括受害者）這情況，去證明效益原則是公平的道德原則，這樣是在根本上竊題的❹。更嚴重的是，效益主義藉著這「普遍的接受性」而強制應用於非效益主義者身上，則會出現非個人立場壓制個人立場的問題，一如內格爾見到的。

三

假若我們肯定好惡取捨是可以變動的，又假若我們肯定變動須有一應然方向，則赫爾提出的普遍化程序其實可發揮一積極作用。譬如說，在將自己置於受害者位置，深切體會到他的好惡取捨後，可以轉過來調整自己的好惡取捨。調整的要求是雙方面的，於是，藉此雙方

---

❸ 同上。

❹ 這裡出現的竊題，是指：假使所依據的是效益主義原則，則必須服從原則所導引的結果，而我們所以選取效益主義原則，乃預設了該原則是公平的，故以效益原則爲各方（其實只限於效益主義者）接受來證明效益原則是公平的，則是竊題的。

都會獲得一新的好惡取捨，看來這做法是設身處地考慮他人感受的眞正意義，因爲這是將自己的好惡取捨置於事實之前（他人具有相關的好惡取捨的事實），然後給予理性的引導。赫爾對於道德判斷合乎理性的條件，是將我們本身的欲望置於事實與邏輯之前，前者指關於他人好惡取捨的事實，後者指道德判斷具備普遍性及指令性的邏輯要求，可惜他賦予普遍化的意義，只局限於認知方面，而理性的要求，也只限制於對道德判斷的要求，而非對好惡取捨本身的要求。

上面簡略指點出對原初欲望作出調整的需要，但並沒有提供調整的方法、方向、幅度或限度，理由是，調整好惡取捨 —— 不管對其強度還是甚至對其內容 —— 就正好像形成一種好惡取捨一樣，我們最多只能加以引導、培養，卻不能模塑。人們縱使在種族、宗教、年代、生活背景等方面都相同，對於事物的認識都一致，仍會產生頗大差異的好惡取捨，這就是人之爲人所具有的獨特性，也就是根據個人立場所締造的目標或價値可以多姿多彩的地方，道德要求我們調整自己的好惡取捨，同時又不應抹煞個人的獨特性，是否令人進退兩難呢？

四

在這方面，中國儒家爲我們展示出一種可行的實踐形態。關鍵全在「仁」的觀念上。「仁」以感通爲性。舉例來說，當感受他人的悲痛時，除了形成一種相當於他人悲痛的悲痛（這就是赫爾的普遍道德原則命令我們去作的，目的是認識事實以及將欲望的人際比較化約爲自己內部的比較）之外，還生起一種不忍之心或不安之感，前者是將自己置於假設處境中形成的，那時的我不再是原來的我，但後者仍然來自原來與他人無涉的我，只是基於我對他的關切之情，因而不忍見

他受苦。沒有邏輯或任何道德原則可以逼使我興起關切之情。道德判斷就在我的原初欲望、他人不願悲痛出現的欲望、以及我之不忍見他人受苦的欲望之上作出。三者同為或可化約為個人的欲望，所以遇有衝突的時候，應不難解決⑮。三者對比於內格爾認為道德所必須包括的三方面：個人對自己的偏私、對他人大公無私以及尊重他人對他們自己的偏私，甚為近似，因為(一)要求滿足原初欲望，就是對自己偏私；(二)滿足他人不願悲痛出現的欲望，就是對他人大公無私以及尊重他人對自己的偏私；而(三)不忍見他人受苦的欲望亦屬於個人的欲望，但卻不能算是對自己的偏私，因為顯然價值主體仍是我（在此義上是主體相關的價值），但價值卻透過他人來實現（在此義上是主體中立的價值），亦即是以非個人立場肯定的價值內在化為個人立場。於此，我們見到，個人立場與非個人立場的衝突，可透過此第三者（即是不忍之心）加以緩衝，亦可見到，感受他人欲望後興起之欲望，理論上也可能使衝突更趨尖銳，所以在這裡須講究的是忠恕之道。

我們從孔、孟文獻中可以見到，儒家對於人的欲望本身，是相當尊重的，孔子自己說過：「富而可求也，雖執鞭之士，吾亦為之。」（《論語·述而》），並明言治國者的首要之務，是使人民富裕；孟子更清楚指出，「貨」、「色」等私利並不須禁絕，「好貨」、「好色」等私欲亦不須放棄，只要求作為一個統治者，「與百姓同之」而已。「與百姓同之」即是將謀取私利的個人欲望擴大為「令每個人的私利都得到滿足」的欲望，亦即除了肯定自己的個人欲望外，同時尊重他人的欲望，這便是儒家「立己立人」、「成己成物」的道德理想。當然，儒家對於欲望，不是單純的接受，因為儒者意識到，欲望本身是沒有方

---

⑮　這不是實踐方面而是理論方面的「容易」。

向，也沒有止境的，孟子的大體小體之分，已充分辨明此義。「耳目之官不思而蔽於物，物交物，則引之而已矣。」⑯假若只以當下的欲望的滿足爲依歸，在爲己方面可能出現整體欲望得不到最大滿足的情況，亦卽成爲「爲己方面的狂熱分子」；另一方面，在牽涉他人的事件，會出現爲求利益，不擇手段的情況，嚴重的造成弱肉強食的野蠻局面。儒家提倡的是將欲望加以引導，引導的方向，乃藉著非個人價值內在化而爲個人價值，而使個人欲望自動收斂，但這並不是以非個人立場壓制個人立場，因爲終止他人痛苦的要求與對他人痛苦所生之不忍之心二者根本並不對立，內格爾提出的對個人動機的轉化，大抵接近此意；儒家所鼓吹的克己復禮等修己工夫，庶幾亦建基於這種內在轉化的可能性之上，當然這一切都要預設人本具仁義之心，此則恐怕非內格爾所能了悟的了。

（本文原刊載於《中西哲學的會面與對話》，江日新編，臺北：文津出版社，1994。）

---

⑯　見《孟子・告子上》。

參 考 書 目

英文部分:

● R. M. Hare, *Moral Thinking: Its Levels, Method and Point,* Oxford: Oxford University Press, 1981.

● Thomas Nagel, *Equality and Partiality,* Oxford: Oxford University Press, 1991.

中文部分:

● 《論語》。

● 《孟子》。

● 黃慧英, 《後設倫理學之基本問題》, 臺北: 東大圖書公司, 1988。

● 里查德・赫爾, 《道德思維》, 黃慧英、方子華合譯, 香港: 天地圖書公司, 1991。

不理性的欲望

一

試考慮下列兩種情況:

(一)我們在目前 t_0 有欲望A,希望在將來 t_1 時實現 ϕ,但同時預見在 t_1 時沒有實現 ϕ 的欲望。

那麼,我們是否有理由爲了在 t_1 時實現 ϕ 而在 t_0 時做 α 呢?

例: 在星期六我有一欲望想在星期日吃蛋糕,但同時預見在星期日我將不想吃蛋糕,我是否有理由在星期六去買蛋糕呢(假設在星期日不能買到)? ❶

(二)我們在目前 t_0 有欲望A,希望在將來 t_1 時不去做 ϕ,但同時預見在 t_1 時我們會有一欲望去做 ϕ。

那麼,我們是否有理由在 t_0 時去做 α 以使在 t_1 時無法做 ϕ 呢?

---

❶ 這例出自Thomas Nagel,見 *The Possibility of Altruism*, pp. 39-40 注釋;這裡只是將原來的「柿子」改爲「蛋糕」。也許有人對這個例子感到難於想像,甚至懷疑這種情況是否在眞實世界裡會出現,若果眞的如此的話,試考慮下列的例子,看看是否較易設想:我在目前(少年時)想我成長後過一種灑脫不受束縛的生活,但我又預見屆時我將不想過此種生活(我相信當年紀大了人便變得現實,並且相信我不會例外),那麼,究竟我是否有理由在目前朝著這種生活方式作計劃?

例: 我在早上預見在晚間我將想喝酒，同時我不想自己在晚間喝
酒，我是否有理由在早上將酒鎖起來？

這兩種情況都涉及相關的問題: ①未來的欲望是否可以構成目前
行動的理由？以及②是否只有目前的欲望是我們作目前行動時所需要
考慮的？假若①的答案是否定的而②的答案是肯定的的話，則在第一
情況的例子中，我們是有理由在星期六買蛋糕的；假若①的答案是肯
定的而②的答案是否定的的話，在第二情況的例子中，則我們仍無法確
定是否沒有理由將酒鎖起來，因為縱使承認未來的欲望可以構成行動
的理由，但不必認為那是唯一的或者是凌駕的 (overriding)的理由。

依據哪些欲望行動才是理性？有些哲學家認為 ❷，這要視乎我
們要盡量在一生中滿足哪些欲望 —— 我們是追求一生中欲望的最大滿
足，還是當下欲望的最大滿足。假使我們追求的是當下欲望的最大滿
足，則很多時會削弱一生中欲望滿足的總和，使不能獲致欲望的最大
滿足。關於這種情況的例子俯拾即是，最常見的是年輕時為了即時的
享樂而損害年老時的欲望滿足，但這種情況不一定是不理性的，因為
在一些人看來，追求當下欲望的最大滿足亦是理性的。然而，假若我
們追求的是一生中欲望的最大滿足的話，則當我們預見當下欲望的滿
足會損害未來欲望的滿足時，我們仍然只求滿足當下的欲望，才是不
理性的，因為我們的行動違背了我們所追求的。

初步看來，在追求欲望的最大滿足的原則下，不理性的行動是在
當下的欲望與未來的欲望衝突的背景下產生的。遇有這樣的衝突，只
顧當下的欲望滿足當然稱不上理性，若要求完全服從未來的欲望，亦

---

❷ 如 R. M. Hare 與 R. B. Brandt。可參閱 R. M. Hare, *Moral Think-ing: Its Levels, Method and Point*, pp. 101-103 及 R. B. Brandt, *A Theory of the Good and the Right*。

需要證立。譬如上面買蛋糕的例子，若想在星期日吃蛋糕的欲望使我產生一種焦慮，於是為了消除焦慮，使我在星期六能夠心安，也許我是有理由在星期六買蛋糕的❸。

我們大概都同意，一方面固然不應因為欲望是「未來的」而對它的重要性打折扣，但也不應因為那是「未來的」而給予額外的優惠，然而在現在與未來之間，如何權衡，方算理性呢？答案似乎顯而易見，因為既然我們追求的是欲望的最大滿足，於是不論欲望是現在的抑或未來的，只要能導致欲望的最大滿足，便應設法實現，而任何損害欲望的最大滿足的，均應設法避免。當然，就算一個在此意義下理性的人，也不一定能獲得欲望的最大滿足，因為他不是全知的，對於變化中的世界，以至轉變中的自己，包括將來有甚麼欲望，或當下欲望的強度等，他未必能完全洞察；因此可見，理性與否是參照行動者的認知的。

在「理性之行動乃追求欲望的最大滿足」的理解下，由於未來的欲望也在考慮之列，而此考慮是「為將來著想」的考慮 (prudential consideration)，所以合乎上述「理性」條件的人，也是一名為將來著想的人 (prudent person)，換句話說，「理性」涵衍「為將來著想」。

另一方面，在「理性之行動乃追求當下欲望的最大滿足」的理解下，所謂當下的欲望，若包括「現在關於在將來想實現甚麼」的欲望，則結果是否與剛才討論的理性行動相同呢？讓我們將此文的「當下欲望」名之為「廣義的當下欲望」，那麼，它即包括了希望在當下實現的目前欲望（姑跟從赫爾 (R. M. Hare) 稱之為 now-for-now

---

❸ 此為 Nagel 的判斷，他乃基於將消除焦慮的欲望視為 r-f desire (motivated desire)，這點很成疑問，見下文。

desire)，以及希望在將來實現的目前欲望（now-for-then desire）
❹。這樣，就算在追求當下欲望的最大滿足的原則下，亦排除了如上
所述只顧卽時享樂而不理會未來的「不爲將來著想」（imprudent）
的情況，並可當其出現時視之爲不理性。問題是，遇有 now-for-
now desire 與 now-for-then desire 衝突時，如何決定行動呢？
我們若依據「追求當下欲望的最大滿足」的原則，並以強度作取捨的
準則，則爲了卽時享樂而損害將來欲望滿足的情況仍受容許，只要行
動者對 now-for-now desire 強於 now-for-then desire。此外，由
於在有關將來實現的欲望方面，我們只計算 now-for-then desire，
而不追求未來欲望（then-for-then desire）的滿足，所以當二者衝
突時，一如文中開首所展示的吃蛋糕的例子，則我們有理由去作一些
使到未來欲望得不到滿足的行動，無論未來的欲望是如何強烈。這就
是就算在「當下欲望」的較廣意義下，「追求當下欲望的最大滿足」
與「追求欲望的最大滿足」之間的重要分別 —— 前者可能出現某些情
況，是在後者看來「不爲將來著想」的。去買一個明知不會吃的蛋
糕，或者撕掉明天想去看的電影門票，看來有些不可理喻，卻是前一
理解所容許的。爲了彌補這個漏洞，布朗特（R. B. Brandt）建議理性
的行動須包括正視事實❺，卽是須參照能夠充分呈現出來的未來欲望
（then-for-then-desire），形成一具有相同強度相同對象的 now-
for-then desire，然後將這新的 now-for-then desire 與原來的
now-for-then desire 作比較，而保留強度較大的欲望，設法滿足，
這可說是對原來的 now-for-then desire 所作的調整工作，那麼，

---

❹ 見 Hare 前引書, pp. 101-102。
❺ 見 Brandt 前引書, Ch. 6。

雖然我們追求滿足的仍是目前的欲望 —— now-for-now-desire與經調整後的 now-for-then desire —— 結果將與「追求欲望的最大滿足」的結果毫無二致，因為在計算當下欲望之際，實際上已引入未來的欲望，故此不會出現為了當下的較小滿足而犧牲未來的較大滿足的情況。

對於必須將「為將來著想」納入理性行動的條件，有些論者如赫爾作出更為強烈的要求，那是，未來的欲望不應單單作為各種欲望之一，受到平等的對待，更應該作為一種具凌駕性的欲望，這才不會出現為了現在犧牲將來的情況❻。這卽是說，當 now-for-now desire 與 then-for-then desire 衝突時，無論 now-for-then desire 如何強烈，也要聽從 then-for-then desire 的指示，赫爾稱這種賦予未來欲望一凌駕地位的要求為「為自己將來著想的要求」(the requirement of prudence)。在這原則下，對於買蛋糕的例子，我們可以下一結論，就是：沒有理由在星期六買蛋糕。但是，對於將酒鎖起的例子，依上述原則，我們是否沒有理由將酒鎖起來呢？

假若我們是以未來欲望為凌駕的，則似乎不應做任何損害未來欲望滿足的行動，也不應以now-for-then desire為理由來遏止then-for-then desire 的滿足，因此我們是沒有理由將酒鎖起來的。不將酒鎖起來並非不理性的，假使我沒有預見喝酒會損害我的未來欲望的滿足的話。

二

上面展示出兩種理性的原則在結果上沒有分別，那麼是否表示我

---

❻ 見 Hare 前引書，p. 105。

們可以任一原則作爲行動的依據呢？此外，「爲將來著想」的考慮應佔多強的地位、並且在怎樣的基礎上可得到證立呢？關於行動的理由的理論或者可提供一些解答的線索。

內格爾（Thomas Nagel）在《利他主義的可能性》一書中，提出有關行動的理由的觀點，他認爲所謂「行動的理由」，除了可以證立行動之外，更必須能夠發動（motivate）行動，而除了欲望之外，理由本身亦可發動行動；或者更確切地說，只有某類欲望是可以發動行動的，他稱此類欲望爲 unmotivated desire，另一類欲望—— motivated desire ——是不能發動行動的。這論點是反對「所有行動都由而且只能由欲望所發動」的理論，該理論認爲，對於有意的行動而言，都可以說是我們想做（欲求去做）的，因此可以說欲望是所有有意行動的必要條件。然而 Nagel 指出，這種必要條件只是邏輯上的條件，因此說「我們有欲望去做此一有意的行動」是必然地眞（分析地眞）的，但這樣說卻是 trivial 的。「有意的行動是由欲望所發動」這一說法，只有對於某些行動來說是眞的，亦只有對於部分的欲望——即 unmotivated desire ——是眞的，對於另一些行動來說，欲望並不能作爲因果上的條件或產生有作用的影響力，所以不能提供行動的理由，這些欲望本身也由發動行動的因素——理由——所發動，所以謂之 motivated desire❼。

在內格爾來說，對於當下的行動，我們不一定需要目前的欲望作爲行動的理由，才可發動行動。如前所說，假若有待滿足的欲望是 unmotivated 的，則它本身固然可以發動行動，若那是 motivated 的，則發動此欲望的理由便足以發動行動，毋須增添一額外的欲望

---

❼　Thomas Nagel, *The Possibility of Altruism,* Ch. 5.

（即：我們欲求爲了該理由而行動的欲望），因爲此額外的欲望只是
行動的邏輯條件而非發動力量。至於未來的欲望，亦可作爲當下行動
的理由，並且同樣地，這未來的欲望若是 unmotivated 的，則追求
此未來欲望的滿足本身已足夠成爲行動的理由；所謂「爲將來著想」
的欲望（prudential desire）── 那即是想滿足未來欲望的欲望 ──
既不必要、也不能夠作爲發動的力量；若未來的欲望是由某些理由所
發動的，則該理由便成爲當下行動的理由。

　　這種行動之理由的理論與我們的論題相關之處乃是：我們可以嘗
試利用內格爾這方面的理論來探討「哪些欲望是我們應該滿足的，假
若我們是理性的話」這問題。首先，讓我們重新察看「追求當下欲
望的最大滿足」這一原則。根據該原則，我們追求的是 now-for-
now desire 與 now-for-then desire 的最大滿足，並且依照布朗特
的建議，基於正視事實的要求，我們必須根據預見的未來欲望，形成
一相同的 now-for-then desire，以與原來的 now-for-then desire
作比較。然而，這做法乃是假設了未來的欲望不能發動行動，因此
也不能成爲行動的理由，而必須借助一想滿足未來對象的當下欲望
（now-for-then desire）來作爲行動的理由。問題的關鍵是，依內
格爾的理論，這後來形成的 now-for-then desire 既然由未來欲望
所產生，它亦由未來欲望所證立，所以未來對象本身才是行動的理由，
也是發動行動的力量。我們毋須將它還原成 now-for-then desire，
以與原來的 now-for-then desire 作比較。對於原來的 now-for-
then desire，假使是 motivated desire 的話，同樣地，亦由未來欲
望或對象所產生，故同樣需要未來欲望或對象來證立。這樣，我們必須
滿足的再不是 now-for-now desire 與 now-for-then desire 的最
大滿足，而是 now-for-now desire 與 then-for-then desire 的最

大滿足。在此亦顯示了「追求當下欲望的最大滿足」此一原則之弊。

三

上面得出的結論似乎是，當我們遇有 now-for-then 與 then-for-then desires 的衝突時，我們只需將發動 now-for-then desire 的理由與 then-for-then desire 的比較，然而在細察下，此種做法只適合 now-for-then desire 是 motivated 的情況，那麼，當 now-for-then desire 是 unmotivated 的，那又如何呢？就算單考慮前一情況，則所說的「比較」如何進行呢？當 then-for-then desire 也是 motivated 的，則似乎較易作出，但若是 unmotivated 的話，則又如何呢？事實上，now-for-then desire 與 then-for-then desire 的衝突，有四種情況：（一）now-for-then desire 是 motivated 的，then-for-then desire 也是 motivated 的；（二）now-for-then desire 是 motivated 的，then-for-then desire 卻是 unmotivated 的；（三）now-for-then desire 是 unmotivated 的，then-for-then desire 也是 unmotivated 的；（四）now-for-then desire 是 unmotivated 的，then-for-then desire 卻是 motivated 的。

為了發掘這些衝突的不同解決方案，對 unmotivated desire 與 motivated desire 作較深入的剖視，是有幫助的。

unmotivated desire 不為其他欲望或對象所發動，人們欲求某些對象，如果這欲求屬於 unmotivated desire 的話，則不是由於欲望的對象是可欲（desirable）的，所以令人去欲求，反之，卻是由於人們欲求該等對象而使其（對他們來說）可欲。關於此點 Stephen Schiffer 在一篇題為 "A Paradox of Desire" 的論文中，闡釋甚

詳。他提出 reason-providing desire (r-p desire) 與 reason-following desire (r-f desire) 的區分，前者相當於內格爾的 unmotivated desire, 後者相當於 motivated desire❽。

> 當一個人為之行動的是去作φ之r-p desire, 他去作φ的理由以及總是他必須去作φ的唯一理由, 乃完全由他之想作φ的欲望所提供。❾
>
> 但 r-p desire 亦為自己提供理由與證立。一個人沒有任何理由去擁有一r-p desire, 一個人不是由於他認為他所欲的在某方面是可欲的因而擁有對此的r-p desire。雖然, 一個人對於其擁有之 r-p desire 之所欲者, 確會發覺其為可欲的, 並且因為所欲者是以被發覺為可欲的的那些方式而為可欲的, 於是一個人確實有理由去欲求他所欲求的, 而他之欲望, 在沒有勝過它的其他考慮的情況下, 得到了證立。❿

r-p desire所欲對象之為可欲, 乃完全由於其為某人所欲, 所以是一種能夠提供行動理由的欲望, 換句話說, 欲望本身構成行動的理

---

❽ Schiffer 在 "A Paradox of Desire", pp. 196-197 的注釋四中明白指出, Nagel 的 motivated desire 相當於他的 r-f desire, 但他的 r-p desire 則只是 Nagel 的 unmotivated desire 的真子集。r-p desire 不完全等同於 unmotiv ated desire, 在此, 我的理解是, Nagel 將那些不為對象所發動, 而只作為行動的邏輯上的必要條件的額外的欲望也包括在 unmotivated desire 之內, 於是在 unmotivated desire 中只有部分是既不為對象所發動, 本身卻可發動行動的欲望, 方是 r-p desire。由於我們在上文已否定 unmotivated desire 中非 r-p desire 之作為行動理由的可能性, 故能夠成為行動理由的 unmotivated desire 即相當於 r-p desire。我們在此脈絡中亦可完全藉r-p desire 的特性來闡明經限定後的 unmotivated desire 的性質。

❾ 見 Schiffer 前引論文, p. 198。

❿ 同上。

由，在此意義下，它是自我證立 (self-justifying) 的。據 Schiffer 的分析，且正正因為所欲對象之為可欲乃由那人擁有該欲望的事實所造成，所以，他毋須欲求去擁有或維繫該欲望，即是不必一欲望去想所欲的對象成為可欲。Schiffer 的例子就是：如果我欲求吃蛋糕，則只當我仍然擁有吃蛋糕的欲望時才會欲求去吃它，然而我毋須欲求去擁有吃蛋糕的欲望。雖然去維繫一 r-p desire 是使所欲的能夠實現的必要條件，因如果欲望消失了，便不能實現所欲求的，就吃蛋糕的例子來說，維繫吃蛋糕的欲望是吃蛋糕的必要條件，但是我毋須去欲求擁有或維繫此欲望，因為「他預期它（所欲的事態）對他來說在某方面是可欲的，而不必欲求它在那方面是可欲的」❶。r-p desire不必藉著欲求擁有或維繫原來欲望之欲望去維繫，其實也無法產生此一欲望，因為原來欲望的對象不是獨立於欲望而為可欲的，所以不能憑對象的可欲性而產生維繫欲望的欲望。

由於 r-p desire 是自我證立的，所以對於 now-for-then 的 r-p desire (或unmotivated desire)，我們是有理由去行動以滿足這些欲望的，而我們在追求欲望的最大滿足時，除了 now-for-then desire 與 then-for-then desire 外，亦應滿足此欲望，但這必須在以下條件下才能這樣，這條件見於上面引文中「在沒有勝過它的其他考慮的情況下」一句。所以，now-for-then 的 r-p desire 假若沒有與 then-for-then desire 衝突，則應置於我們追求滿足之列。然而，假若 now-for-then desire 與可預見的 then-for-then desire 衝突的話，則 now-for-then desire 再不是自我證立的了。所謂衝突，有兩種情形：(一)目前我對在未來實現的對象產生一欲望

---

❶　見前引論文，p. 200。

（因其目前為我所欲，所以是可欲的），但我預見在未來此對象不再
為我所欲。（二）目前我對在未來實現的對象產生一欲望，但我預見此
對象與我在未來所欲的對象不相容。

第一種情形，由於在未來實現的對象之為可欲是我們目前「欲求
它在未來實現」這欲望所提供的，但這對象在未來卻不為我所欲，因
而在那個時候成為非可欲，簡單地說，原來的欲望消失了，那麼，這
在未來實現的對象不再因其在目前為我所欲而取得其可欲性，卻因我
的預見而否定其為可欲。並且由於它是 r-p desire，所以無法產生
一維繫該欲望的欲望。如此，在此情形下，原來的 now-for-then
desire —— 無論多強烈 —— 也不應去滿足。

至於第二種情形，亦可有兩情況：（1）目前所欲於未來的，與我
於未來所欲的不相容，而此未來的欲望也是一 r-p desire。由於 r-p
desire 本身使得對象成為可欲的，故無論追求欲望的最大滿足還是
追求當下欲望的最大滿足（即 now-for-now desire 與經調整後之
now-for-then desire 的滿足）❶，都必須滿足較強的那一欲望。
（2）目前所欲於未來的，與我於未來所欲的不相容，而此未來的欲望
是一 r-f desire，此即 unmotivated desire 與 motivated desire
衝突的情況。

根據 Schiffer，r-f desire 的特性在於：我們欲求一對象，乃由
於我們認為該對象是可欲的，而此可欲性獨立於我們的欲望之外，故
就算我們沒有此欲望，我們也相信有理由去擁有它。故此欲望的對象
（基於其可欲性）構成行動的理由，並可以之證立行動。假若我們在
未來欲求（r-f desire）一對象，同時覺察一先前的 now-for-then

desire (r-p desire to φ) 會妨礙對象的實現，且由於我們認爲該對象是可欲的，於是便會產生一欲望，就是欲求我們沒有擁有該 now-for-then desire (desire not to desire to φ)[13]，這可說是第二序的欲望，加上 then-for-then desire 是一 r-f desire，欲望對象的可欲性可穿越時間，於是未來的欲望便構成目前行動的理由。但是如果先前的 now-for-then desire 不是 r-p desire，並且這欲望強於未來的欲望的話，則亦可產生第二序的欲望：欲求繼續擁有該 now-for-then desire，關鍵是先前的 now-for-then desire 是一 r-p desire，故我們不能產生第二序的欲望去維繫先前的欲望。因此，遇有 unmotivated 之 now-for-then desire 與 motivated 之 then-for-then desire 衝突時，應滿足 then-for-then desire。

　　至於 motivated 的 now-for-then desire 與 then-for-then desire 衝突時，怎樣作比較呢？這亦要視乎 then-for-then desire 是 motivated 還是 unmotivated 而定。若是前者，則較易解決。由於理由是穿越時間的[14]，其能否成立，是與在甚麼時間擁有它不相干的，於是 now-for-then desire 與 then-for-then desire 的衝突可看成是兩種理由的衝突，而只需以一般處理衝突理由的方法去解決。但假若衝突的 then-for-then desire 是 unmotivated 的話，則正如上面所述的 unmotivated 的 now-for-then desire 與 motivated 的 then-for-then desire 衝突的情形一樣，但此時我

---

[13]　這是就 now-for-then desire 較弱於 then-for-then desire 的情況來說。假若 now-for-then (r-p) desire (desire to φ) 強於 then-for-then (r-f) desire (desire not to φ) 的話，則我們一方面不能產生 desire to desire to φ 這一第二序的欲望，另一方面卻可產生一維繫甚至加強原來的 then-for-then desire 的欲望 (desire to desire not to φ)。

[14]　見 Nagel 前引書，此點在 Ch. 7 及 Ch. 8 兩章中論之甚詳。

們形成的第二序欲望，乃欲求不擁有與之衝突的 then-for-then desire，反而 then-for-then desire 因是 r-p desire，故我們不能夠產生第二序的欲望去維繫。因此我們應據 now-for-then desire 而行動。

至此， 我們可以據以上的分析審視文中開首的兩個例子。 欲吃蛋糕是在星期六擁有的 r-p desire， 當我們預見其在星期日會消失時， 依此而行動的理由也不能成立了。 所以我們是不應為了滿足星期六的欲望而買蛋糕的。 對於是否應該把酒鎖起來的問題， 則屬於 motivated desire 與 unmotivated desire 衝突的例子，根據上面的看法，我們應該將酒鎖起來❶。

四

當然，有人會提出疑慮: r-p desire 與 r-f desire 的區分在理論上可以很清楚， 但在實際上我們很多時並不易於分辨，比如對名譽的欲求是 r-p desire 還是 r-f desire 呢？有論者提議一較易的辨認方法， 就是追求快樂的欲望乃是 r-p desire， 而追求快樂以外的對象的則是 r-f desire。持此論者並不能把握二者的特性，因為 r-f desire 亦可追求快樂，所以， 籠統地以追求快樂為分界是無法見到其差異的。 事實上， 當我們滿足了 r-p desire 時， 我們固然獲得快樂或減除了痛苦， 但， 快樂與痛苦是源自我們的欲求本身，是我們有此欲望，於是欲望的滿足必然造成快樂。 Schiffer 指出， 我們欲求從

---

❶ 假若我在早上有一欲望（r-f desire）不去喝酒，在晚上卻喝了，Schiffer 認為此便是一種典型的意志薄弱的情況，因為我依據一種我不想擁有的欲望（r-p desire）去行動。事實上，Schiffer 論文的主旨，就是以這兩種欲望的特性去說明所謂意志薄弱的現象。

滿足去作 φ 之欲望所帶來之快樂，其實就是欲求該欲望之得到滿足，故對 r-p desire 所帶來之快樂的欲求，與作 φ 之欲求，是同一欲求 ⓰。此義亦即我們在上文不斷重複的：對象的可欲性（帶給我們快樂是其中之一）是由我們對該對象的欲望所造成（賦予）的。另一方面，r-f desire 有時亦會以快樂（或減除痛苦）爲對象，但那時快樂是在各種可欲事物之間被揀選出來，作爲行動的目的或理由；爲何作出此選擇，必須得到證立，證立的依據，基於每個人的價值系統及行爲原則⓱。至此，我們發覺，有些對象的可欲性是由我們的欲望系統所賦予，有些對象的可欲性不由欲望所賦予，但卻仍是由我們所賦予，賦予者乃是理性。如果 Schiffer 的分析沒錯的話，除了 r-p desire 與 r-p desire 之衝突必須藉欲望的強度來解決之外，其餘 r-p desire 與 r-f desire、r-f desire 與 r-f desire 之衝突的各種情況都須訴諸理性來解決，這符合了人們對於理性地位的直覺，此直覺現由 Schiffer 以關於兩種欲望的特性來證立⓲。

於此，我們可以見到，r-p desire 與 r-f desire 的區分不在於對象方面，同一類的欲望固然可以有不同的對象，甚至相同的事物亦可同爲兩類欲望的對象，二者主要分別在於我們將對象置於我們的哪一系統中看待，亦即我們視之爲欲望的對象還是理性的對象，故此劃分的結果亦可因人而異。

⓰　同 Schiffer 前引論文，p. 198。

⓱　可參考 Gosling 對於想望 (want) 的兩種涵義的分析。見 J. C. B. Gosling, *Pleasure and Desire*。

⓲　有些學說（如佛家）認爲所有欲望都是 r-p desire，卽是我們的欲求本身使對象可欲。那是將我們在價值方面的判斷也視爲與欲望一樣，是一種執著，故不作分辨所致。如果我們不持這種較極端的觀點，則一如上述，仍有方法作出分野的。

五

我們在開頭容許關於理性的兩種理解：追求當下欲望的最大滿足與追求欲望的最大滿足。對於前者，我們首先將 now-for-then desire 包括於「當下欲望」之內，且以正視未來事實的要求加於其上，使「爲將來著想」的考慮得到證立，行動者因此必須根據未來的欲望而調整當下欲望。然而根據內格爾關於行動理由的理論，我們展示出此種調整工作的構想是建基於對行動理由的錯誤了解之上。然而，「爲將來著想」若意涵對於未來欲望的考慮的話，我們應對未來欲望給予多少分量，才是適當呢？將未來欲望視爲凌駕的的觀點（赫爾稱爲「爲自己將來著想的要求」），是有待證立的。何況，解答不能簡單地化約成以強度作爲準則的計算之上，由於有些欲望是時間相關的（如 r-p desire），其強度並不是決定其重要性的唯一因素，未來處境的轉變（例如我們新擁有一與之對立的欲望或我們原來欲望的消滅），亦影響了對它的滿足是否能導致欲望的最大滿足。於是我們參考了 Schiffer 對 r-p desire 與 r-f desire 的區分，試圖展示出在不同情況下理性的不同處理。最後，返回本文的題目，我們可以憑文中的工作，指陳出不理性的欲望，那即是：所有那些不根據文中確立的理性的處理而堅持追求另外的欲望的滿足者俱是也。經過不厭其煩的闡釋後，相信此說明不是竊題的(begging the question)[19]。

（本文原刊載於《鵝湖學誌》第11期，臺北：東方人文學術研究基金會，中國哲學研究中心，1993。）

---

[19] 最後我不得不承認，對於「非理性的欲望」的界說是在下述的意義上是竊題的，即：「非理性的欲望」乃是那些「不服從理性的欲望」。但在本文的糾纏的論述後，對何謂「服從理性」、理性爲何有這種指導能力、理性的限制及理性在處理現在及將來欲望衝突的事件上如何發揮其作用諸問題上，有較清晰的理解後，這種「竊題」的界說將不再流於毫無意義，這是我所希望的。

參 考 書 目

- R. B. Brandt, *A Theory of the Good and the Right*, Oxford: Clarendon Press, 1979.
- J. C. B. Gosling, *Pleasure and Desire*, Oxford: Oxford University Press, 1969.
- R. M. Hare, *Moral Thinking: Its Levels, Method and Point*, Oxford: Oxford University Press, 1981.
- Thomas Nagel, *The Possibility of Altruism*, Princeton, N. J.: Princeton University Press, 1970.
- Stephen Schiffer, "A Paradox of Desire", *American Philosophical Quarterly*, 1976.

儒家對於「爲何道德」的證立

一、前　言

　　當人們建立或認同了某個道德系統，或某套基本的道德原則，滿以爲可以安坐如山，此後只需將這套放諸四海而皆準的原則放諸四海便成之際，每每遭遇到一種挑戰，使他從高山之顛跌落雲霧中，無所措手足。這項挑戰來自「爲何我應該道德」的問題——就算解答了「怎樣做才是對？」、「甚麼叫做『好』？」等等問題，假使不能證立「我應道德」，一切也是徒然，所以，「爲何我應該道德」被稱爲「終極問題」（ultimate　question）——這是任何在道德領域內深思明辨的人不能逃避的。

二、「爲何我應道德」——問題之意義

　　在探討此問題之前，我們先要剖析此問題的意義。「問題的意義」可分兩方面，一是形構問題的字辭的涵義，另一則是問題之成爲一有意義的問題，因而值得我們探討的地方。

　　先就第一方面說，首先，「爲何我應道德」中的「應該」，不能是道德意義下的「應該」，否則便犯了竊題的謬誤（begging　the question)，因為我們要解答的正是「為何要作道德的考慮，而不是可以不理會道德與否？」那麼，若問題中的「應該」是道德意義的「應該」，則是假定需要有道德,而對於為何要接受道德的理由尋求一道德的理由，因此，為了不致使問題落入上述的謬誤，問題中的「應該」必須理解為非道德意義的「應該」,而整個問題的意義就是為我們的行動給予道德的理由一有力的非道德理由(例如理性方面的理由)。

以上是對「應該」一詞的釐清，跟著，我們要檢查「為何我應道德」中「道德」一詞的意義。這裡的「道德」，是與「非道德」對揚的，即是包括了關於「善」「惡」、「好」「壞」、「應該」「不應該」等的考慮與決定，並不是與「不道德」對揚的，後者是指在上述的考慮下為「善」、「好」、「應該」的行為。由與「不道德」對揚的「道德」所形構的問題表示，「為什麼我應該做在我判斷下為好或善的行為？」然而，更根本的，也就是本文要研究的，卻是：「為什麼我應該對行為作好壞的考慮，並以此考慮凌駕於其他考慮（如個人利益、愛惡）之上？」

以上是由字詞的歧義而導致問題涵義的分歧，釐清後方便我們尋找對題的答案。但是，問題本身是否有意義呢？它會不會是一註定沒有答案的問題？我們必須加以決定才正式展開答案的尋取工作。

有人認為，「為何我應該道德」的問題，是在「道德的決定」並不符合提問者本人的利益的脈絡下提出的，例如，若我在考慮是否要為成全大我而犧牲小我，並且認為應該的話，這決定並不符合我的利益。然而，「為何我應道德」中「應該」並不是道德意義的「應該」，則這問題所要求的答案必定是有關自利的理由，如此，一個人在明知某決定不符合本身利益的情況下，要求一自利的理由，是不一貫的，甚或無意義的 (nonsense)。對於這說法，可以這樣回答：當問「為

何我應道德」時，並不需要假定那是在與本身利益不符的脈絡下提出的，而可以是：根本不理會是否有利於我（其實這才顯出道德的本義）。再者，雖然問題不是要求一道德的理由，但不能由此推論那是要求一自利的理由，因爲,我們固然可以將行動作「道德」、「非道德」的窮盡而排斥的區分，也可以「有利」、「不利」作同樣的區分（「理性」、「非理性」亦然),但「道德」與「不利」、「非道德」與「有利」並非等範的，顯而易見，非道德的理由不必是自利的理由。

在弄清了「爲何我應該道德」所要求的答案只是非道德的理由而不一定是自利的理由，因而並非無意義之後，我們要進一步指出「爲何我應道德」中「我」的重要性 —— 那是不可以「我們」替代的。就算我們可以毫無困難地證立了「爲何我們 —— 我們的社會、國家……應該講求道德：訂定行爲規範，推行道德教育，甚至執行道德的賞罰」，這不等於證立了爲何「我」，作爲社群中的個體，應該道德。一名無道德論者（amoralist）可以支持他的社會講求道德，因而使身處其中的他受惠，這就是他證立社會道德的理由，但既然他以自利的理由證立社會道德，那麼在他的利益不會受損，反而增加的情況下，他可以捨棄道德，而作道德的寄生蟲，並且獲得證立。因此，我們看到對於社會、國家、人類來說，應該道德的好理由並不就是對於「我」來說的好理由❶。

作爲道德上的寄生蟲，平素安享社會大衆循規蹈矩的成果，而在

---

❶ 有些理由具普遍性，對甲來說是好理由則同樣對相似於甲的乙來說也是好理由，這是認取了一種主體中立的觀點(agent-neutral view point)，然而有些理由卻不具此普遍性，那是認取了一種主體相關的觀點（agent-relevant view point）。而當無道德論者質疑「爲何我應該道德」時，是採取主體相干的觀點，因此，能夠說服他放棄這觀點，相當於證立了「我應道德」。

不被覺察的情況下，冒險犯禁，以圖私利，是否一定比正人君子較不快樂呢？很多人認為如此，他們想像，那些作奸犯科的人，縱使贏取了物質方面的滿足、世人的推崇，但在夜闌人靜之時，仍會受到良心的譴責，因而不會快樂。如果眞是這樣的話，那他在自利的原則下，也應放棄無道德論的立場。然而，蓋‧尼爾遜 (Kai Nielsen) 提醒我們：「一名無道德論者是否不快樂，乃決定於他是那一類人，處身於何種社會，他在社會中的地位，以及他擁有甚麼樣的自我形象。快樂並非必然需要道德……」❷ 尼爾遜的這種見解可以看作是對以快樂（利益之一）來證立道德的途徑的攻擊。我們暫時不深究這攻擊是否切中要害；但他提出「自我形象」這觀念，及其對道德的重要性，正好幫助我們過渡到關於「爲何道德」的實質討論。

三、藉著建立「人的形上概念」以證立利他
主義──內格爾的進路

很多現代道德哲學家，嘗試以自利的理由來證立道德，但都不成功，其中主要的原因是，該種證立方式，涉及對於人的經驗特性的假定，例如：只有自利的理由才能發動人行動，遵守道德通常使人得酬報（人會爲不道德的所作所爲感到不安，這就是不道德的懲罰），但是經驗的假定不具必然性，所以不能成爲道德的確定基礎。

「人的經驗特性」不能作爲道德的基礎，但是，托馬斯‧內格爾 (Thomas Nagel) 提出的「人的形上概念」，卻或可解決「爲何我

---

❷ Kai Nielsen, "Why should I Be Moral? Revisited", reprinted in *Why Be Moral?*.

應道德」的問題。

　　基斯杜化・麥馬翰 (Christopher Allan McMahon) 在《道德與表達》(*Morality and Expression*) 中討論到一種支持「應該道德」的論證，那是他稱爲表達論證的 (expression argument)，其內容就是: **接受道德原則可以看成是對於形上的自我概念的一種表達** —— 對於一個人是那一類存有的信念的表達❸。麥馬翰在書中舉出內格爾爲例，認爲他證立利他主義的論證，是一種表達論證。內格爾在《利他主義的可能性》一書中，企圖藉著人的自我概念及人與世界之關係的觀點，來指出利他主義所以可能的根據，由於他討論的利他主義 (altruism) 乃與利己主義 (egoism) 相對，故雖然無道德論者不一定是利己主義者❹，然而證立利他主義的方法也許有助於解答「爲何道德」的問題。

(一)我 —— 衆人中之一人

　　內格爾所提出的利他主義，並非要求人們自我犧牲，而只是要求他們假若認取這觀點（實踐原則），便須願意考慮他人利益而行動。將他人利益列入我們對於行動的考慮之中，必先（邏輯上）意識他人的存在，這存在與自己的存在同樣眞實。而所謂「我」，只是衆人中之一人。這種意識，是道德原則所具之普遍性的先決條件。

---

❸ Christopher Allan McMahon, *Morality and Expression*, p. 76.

❹ 現實上這類人很少，但在理論上是可能的，無道德論者可以是根本不作任何普遍的道德判斷，甚至不使用道德字詞的人，他只作單稱的指令，這些指令可以是以個人利益爲依歸的，但亦可以是隨意的、無原則的。後者便不算利己主義者。

假若要將判斷以同等意義應用於他人，首先必須能夠將之應用
於那理解為只是眾人中之一人的自己身上。唯有如此，才能
保證所判斷的不單從個人立場作出，而因此只適用於個人的情
況。所以每當作出一項個人的實踐判斷如「我應在炸彈爆炸之
前離開這大廈」，這必須能夠產生一項非個人的實踐判斷，使
得對於作判斷的那個人有相同的果效。該非個人的判斷是由他
人關於相同的處境，產生相同果效的各判斷所共同蘊涵。❺
這產生一重要的結果，就是一個人的基本實踐原則必須是普遍
的。❻

　　在上面的引文中，內格爾利用了「個人立場」（personal stand-
point）與「非個人立場」（impersonal standpoint）的一組觀念
來闡明「我乃眾人中之一人」這觀念，並以之證立道德判斷必須是普
遍的之要求。由於這是一組關鍵性的觀念，我們必須詳加說明。

(二)個人立場與非個人立場

　　內格爾指出，要完全將他人理解為人（persons），需要一關於自
己的概念──將自己等同於一名特定的，可以非個人地確定的，此世
界中的居民，並且是具有同樣性質的眾人中之一人。「這論證要求對
自己的概念不單是『我』，而是『某人』。」❼

　　非個人立場是與個人立場對揚的。個人的判斷、信念、態度等等
的本質就是站在一優越的觀點看世界，而作出判斷的人就是該優越觀

---

❺　Thomas Nagel, *The Possibility of Altruism*, p. 107.
❻　同上。
❼　同 Nagel 前引書，p. 100。

點的佔領者；至於非個人的立場，就是能夠毋須指認個人在世界中的位置而觀看世界。對於世界的非個人的完整描述，會包括對於在個人描述下爲「我」的那人的描述，並且重新以非個人的詞語將所有關於那可以以第一人稱的個體描述出來。如此非個人立場可以安頓所有以個人立場所描述的現象，包括關於主體自己的事實。關於環境的肯斷，無論以何種稱謂作出，都不會改變其肯斷的涵義，那只是關於觀察的觀點的改變而已，假若我談及某人說「他很沮喪」，那必定有些關於他的性質使我如此說，同時這些性質必定等同於那當談及自己而說出「我很沮喪」時所具有的，不管是自己的還是他人的情況，相同的事實可以以多種觀點作出，分別使用不同的稱謂。雖然這些語句在某些引申方面或有不同，但它們必定肯斷一些共同的東西。非個人立場就是從講者與所講的內容之間的關係抽象出來，單獨標出這些共同的東西。

　　將自己看成只是衆人中之一人，必須能夠將自己每一方面作非個人的對待，所謂非個人的對待，就是每當以個人立場作出關於自己或他人或其他事情的判斷時，能夠同時作出下面兩個判斷：(1)關於相同處境及人物，產生相同果效的非個人判斷；(2)指出在該非個人描述的境況中那人是誰的基本個人語句。用上面引文中所舉出的例子來說，當一個人說出一項個人的判斷如「我應在炸彈爆炸之前離開這大廈」時，那支持這項判斷的理由如關於處境的某些特徵，包括炸彈的殺傷力、個人的求生欲望及人們應設法保存生命的原則等，完全可以、並且由於要將自己看成衆人中之一人而必須、非個人地描述出來，因爲這些理由是客觀的理由，故無論何人，都會作出「應該離開大廈」的判斷。當然我是否身處該大廈，亦即先前的個人判斷「我應在炸彈爆炸之前離開這大廈」中的「我」是否就是我，完全影響我是否採取上

述的行動，所以除了將個人判斷轉成非個人的（卽轉成：「一個人應該在炸彈爆炸之前離開這大廈」）之外，確認那個人是誰（是他、她、還是我？）是重要的，雖然如此，個人判斷非個人化後，我只是「他」以及「她」或所有的「他們」中的一人而已。適用於我的個人判斷同樣適用於他，以及其他所有人，反之亦然，這就是判斷的普遍性，一言以蔽之，就是個人在處境中的身分（受惠者還是受害者，還是兩者都不是）並不改變一項判斷。

（三）主觀理由與客觀理由

然而這裡出現一個問題，就是判斷若以非個人立場描述出來，而判斷中涉及的理由只是對於某人（可以是自己）而言成立的主觀理由，則這判斷並沒有發動行動的力量❽。要注意的是：這種主觀理由在以個人立場描述出來的判斷中是能發動行為的。因為主觀理由可以證立對於與一己有關的事物的欲望如關於自己的利益、自己的家庭或國家利益的欲望，於是縱使處境可以藉非個人立場來描述，但當應用於自己身上時，便自然產生一個人化的描述，再加上主觀的理由，便足以發動行為。舉例來說，「爆炸會使留在大廈的人死亡，離開這大廈會保存生命。」這非個人的描述，若應用於目前我的身上，卽是加上「我就是那個人」的聲明，而理由假使是主觀的，如「我應保存我的生命」，那麼，毫無疑問，可以產生「我應離開大廈」這判斷，並且發動「離開大廈」的行動。但是，若單純以非個人判斷應用於第三人稱的「我」身上（卽：對他人來說，是「他」；亦卽他人眼中的「我」），而其中的理由「判斷中的行動會保存我的生命，我應保

---

❽ 所謂發動行為，就是使行為實行出來的動機方面的作用。

存我的生命」既是主觀的理由，並不能使他發動行爲。因爲，判斷非
個人化後，判斷中的主體已變成「任何人」(anyone) 或「一個人」
(someone)，那時，對於某特定的個體而成立的主觀理由，便不是那
「任何人」的理由，故此不能解釋其行動的欲望（如果有的話）。如
此，倘若所持的是主觀理由，兩個立場（個人的與非個人的）出現一
分裂現象（dissociation）── 同一個人，根據同一理由，作爲第一
人稱的我可以產生具有發動力量的判斷，而作爲第三人稱的我則否。

　　如上所言，主觀理由（或原則）是只對某人而成立的理由，理由
的內容與持有理由的人之間有一定關係，如促進他的利益、他的家庭
及國家的利益等，其中「他」就是指持有該理由的人。這卽是說，對
於我來說是理由的，對於他來說不一定是理由，因此不能發動他人或
非個人化的「我」行動。另一方面，客觀理由是指認一種對於所有人
而言的價值，亦卽某事態的實現就是一項價值。舉例來說，「保存我
的生命」是一主觀理由，而「生命的保存」便是一客觀理由。對於任
何人而言，都應做那些能「保存生命」的行動❾。

　　內格爾聲稱，只有客觀理由才能在將自己視爲「任何人」的非個
人立場下，保有行動的發動力量；顯而易見，這是由於客觀理由是對
任何人都成立的理由，於是當將自己視爲「任何人」時，也都成立，

❾　這裡可能產生兩個問題，會引起誤解及爭論。其一就是：當說某些事態是
　　行動的客觀理由時，並不是說所有人都須以此爲價值，而只是表達如下的
　　條件句：「假若認取了一項理由，並且視之爲客觀的理由，則須同時將之
　　看成是對任何人而言皆成立的理由。」由於這條件句所展示的只是一形式
　　的要求，並不涉及實質的內容，故在甚麼才是作爲客觀價值的實質條件方
　　面，不該引起爭論。另一問題就是：是否對某人而言是理由（主觀理由）
　　的，必定能作爲他人的理由。這裡涉及個人的特性與判斷的普遍性的關
　　係，但這可以下列方式解決：我們可以對「任何人」加以限定，例如限定
　　爲「任何像我一樣的人」。舉例來說，「發揮我的繪畫天才」是我的主觀理
　　由，將之看成客觀理由便成了：對於任何像我一樣的人而言（如：具繪畫
　　天才、喜愛繪畫……），發揮此天才便是一理由。

故此可發動行為，並提供證立。

以非個人立場來描述處境，若認取的是客觀理由，這樣便能發動判斷者的行為，而主觀理由則不能夠。但二者在很多情況下都適用於相同的行為，根據個人立場與根據非個人立場而判斷的行為可以是同一行為（亦卽是說，對於同一行為，可作非個人的判斷，亦可作個人的判斷），例如：「保存我的生命」與「保存一個人的生命」所指涉的可以是同一個人，然而，兩種理由的分別在於前者只能發動那個「我」行動，而後者則發動任何促進「保存生命」的行動，無論那是我的、你的還是其他人的生命。此外，後者所發動的行為，也包括了那些促進他人保存生命的行為。

（四）為何「利他」？

論述至此，我們可以見到內格爾對於個人立場與非個人立場、主觀理由與客觀理由的分析，如何與其論題 —— 利他主義的可能性 —— 相關聯了。現簡潔表明如下：雖然「並非所有的主觀理由是利己的……也不是所有的客觀原則是利他的……然而，利己主義的核心學說是一主觀的。哲學上最富誘惑力的觀點（因而最值得破斥）乃是否認那種將客觀價值賦予事物的理由，同時由於利己主義只要求主觀價值，因此是可接受的。」❿ 要建立利他主義，必須將行動的理由視為客觀的（因為當他人利益被視為一種客觀價值的時候，我們便應該同時考慮並促進他人的利益）。但是，如何說服人們必須以客觀的理由作為行動的理由呢？內格爾提出，假若我們將自己視為只是眾人中之一人，而並非佔優越地位、享有特權，亦卽是能夠將我們身在的處境，以非個人的立場來描述。而對於以非個人立場描述的「我」，只有客觀理

❿ 見 Nagel 前引書，p. 96。

由才能發動行爲。

　　當我們作出如「他人不應傷害我」這樣的判斷時，必須同時意識「他人」其實也不願意受傷害，這個「他人」與我是同等眞實的個體，同爲「人」。事實上，這是對道德判斷的可普遍化的要求，內格爾只是指出，支持這要求的更基本觀念就是對自己（及他人）的觀念：我只是衆人中之一人。當然，人們可以追問，爲何必須將自己視爲只是衆人中之一人？內格爾只有回答：這是道德判斷的普遍性所預設的。如此，從這樣的自我概念引申出利他主義。只當一個人願意成爲獨我論者，才能保存利己主義的觀點。可幸的是，不是很多利己主義者都是獨我論者，譬如說，當一名利己主義者欲求考慮他的親人利益時，便已不能是獨我論者了。所以，我們見到，內格爾證立道德的方法是：假使我們不願作爲獨我論者，卽是所持有的自我概念是「我只是衆人中之一人」，便必須認取客觀理由作爲行動的理由，由此而選擇利他主義，如果他必須作道德判斷的話。

　　上段的最後一片語是重要的，因爲有些人 —— 我們稱他們爲無道德論者 —— 是不作任何道德判斷的，這樣，他們就不必在利己主義與利他主義之間選擇，然而，「爲何道德」的證立問題，除了要克服利己主義者的自利原則，提出理由叫他們放棄利己主義而接受普遍的道德原則之外，還須面對不作任何道德判斷的無道德論者，這些人可以不是獨我論者，卻仍不必接受普遍的道德原則。

四、儒家的自我概念與「爲何道德」的證立

　　跟著我們要探討儒家對於「爲何我應該道德」的解答。上節論述內格爾對於利他主義的證立，是由於他的證立方式，與儒家對於「爲

何道德」的證立，有近似的地方。

人禽之辨

儒家談論道德，首要的觀念就是人禽之辨。

孟子分明說出：「人所以異於禽獸者幾希，庶人去之，君子存之。」（《孟子‧離婁下》）人與禽獸同是自然界中之生物，在很多方面很大程度上都與動物相近，可以說，有共通的動物性，譬如說，好生惡死、好逸惡勞、喜飽暖而惡飢寒、以及有延續後代的欲望等，這是動物性，落在人方面而言，我們統稱為「飲食男女之事」，就這些共通的動物性來說（即在告子「生之謂性」的觀點下），人與其他動物縱有不同，亦只是生物學所界定的類別上所表現的不同，人與犬的不同就正如牛與豬的不同。但是孟子特別指出人與禽獸有雖然微細卻是重要的分別。孟子跟著說：「舜明於庶物，察於人倫，由仁義行，非行仁義也。」人與禽獸的分別就是人具有「由仁義行」的能力，「由仁義行」不等於「行仁義」，訓練有素的狗、猴子、海豚等都能夠遵照某些指令而行動，但充其量只能說「行仁義」而已；只有人才能分辨善惡。而所謂分辨善惡也不是認知意義的，善惡不是像紅色與藍色一樣，我們可以透過認知活動確認其描述方面的特性而分辨出來，「分辨善惡」隱含著：我們可以創立善惡的準則，這點是理解儒家道德之為自律道德的人都明白並無異議的，在此不贅。

人能夠「由仁義行」，此乃孟子「性善」之義，但人這方面的特性，亦即人禽之辨的關鍵點，是否屬於另一項描述特性，將人歸入一類，其他動物歸入另一類的性質而已？就正如將哺乳類與兩棲類分開的類差？如果是的話，人與禽獸的分別便一如魚與熊的不同，不值得特別提出來討論。因為人縱使是萬物之靈，而假若「靈」是基於某

方面的能力較高（如推理能力）的話，並不值得沾沾自喜，我們都知道，在另一些方面，其他動物的能力（如飛潛跳躍等），是遠勝於人的。

孟子特別標出人與禽獸不同，並不是作一生物學上的類別的區分 ❶，因這區分仍不出告子「生之謂性」的觀點。孟子是要指出人與禽獸的不同是價值上的不同 —— 人比禽獸優越。

人與禽獸不同的地方，孟子稱爲「大體」，尊爲「貴」（「體有貴賤」、「人人有貴之者」《孟子・告子上》），從其大體則成爲大人、成爲君子，從其小體則爲小人、爲飲食之人、庶人，等而下之，爲禽獸；明顯地，大人、小人是價值上的評價，因之人與禽獸亦然。

價值上的不同不是基於生物的構造、機能等方面的差異，就這方面而言，人是動物的一種，同具上述的動物性，然而堪足注意的地方，就是人在實然上是動物卻可超動物。是動物，便不能逃出飢而欲飽、渴而欲飲、以及生老病死的網絡。欲望不必盡得滿足，端受外在條件決定（物交物，則引之而已也），在此是不自由的。但人卻可超拔於這些條件串，他可捨生取義。只有人身爲動物而能超動物，他獨具意志之自由。這種道德的能力就是人與禽獸不同之處；又因人認取了自由的價值，故將人禽之別看成不是實然的，更是價值上的分別。

除非人甘心受制於環境，不然的話，若要作一自由的個體，便得意識自己與禽獸的分別，並發揮造成此種分別的能力，亦卽是說，人可選擇爲人，也可選擇爲禽獸，這裡亦有另一層意義的自由。我們不是在事實因素方面被逼令講求道德，但是，我們若以自由爲一價值，若以超乎動物爲一價值，則便必須道德。由此可見，人是否應該談道

---

❶ 在《孟子・告子》中，孟子論到心同理同的觀念時說：「若犬馬之與我不同類也。」中犬馬與我之分別就是生物學上類別的不同。

德，決定於人對自己的自我概念：願意成為人（大人、君子）還是禽獸，願意主宰自己還是被決定；此亦卽時決定了他是人還是禽獸。

人想望成為空中的飛鳥並不就變成飛鳥，這裡有物理上的限制，不能罔顧實然方面的因素，然而人想超動物就能超動物，此毋須倚賴物質條件的配合，雖然如此，亦有事實因素作基礎 —— 人有「由仁義行」的能力是一事實，旣有這方面的能力，便能夠成為大人，但人不是生而為大人，成為大人還是淪為禽獸，完全取決於他自身的意向。總而言之，假若人擁有「道德主體」的自我概念，這便是他「應該道德」的理由。

討論至此，也許有人會質疑：人禽之別旣是一價值而非事實的區分，那麼豈不是在證立道德之前，已先引入一評價，如此，我們豈非為「應該道德」尋求一道德的理由？但我們早已分析，這樣做是犯了竊題的謬誤的。

這疑問是有道理的,而且有一半是對的,就是：我們的確引入了一項評價來證立道德。然而，值得注意的是，該項評價不是一道德方面的評價，我們不是「應該」擁有上述的自我概念，而是，旣然人事實上與禽獸不同（人有一種超動物的能力），便能夠成為大人（不只是空想），假若人在此事實的基礎上，作了一項評價（人比禽獸優越），並繼之而生一抉擇（要成為大人而非禽獸），則發揮其道德性是理所當然的了。此種證立方式類似於一些現代西方倫理學者證立道德時所利用的方式，例如以理性與非理性作一對立的區分，然後企圖證明道德是理性的，而無道德是非理性的。在理性與非理性的意義內亦隱含一價值判斷，但此非道德判斷，論者毋須主張：「我們應該理性。」只是指出，假如要理性的話便應該道德。於是人們可以選擇作無道德論者，只要他肯承認自己是非理性的。此種證立方式不一定竊題

⑫。然而,理性與非理性的概念通常是藉著界定而確立,但是雖然界定通常不違背常識, 卻始終是人為的, 亦即某程度上是隨意的, 如此, 對於理性的概念可有多種不同的界說,而人們亦大可聲稱不接納某種界說而否定其證立道德的力量⑬。然而儒家對於人與禽獸的價值上的區分, 是基於上述的事實而作出, 故就此意義言不是隨意的。

一如上述, 界定理性與非理性, 然後以「理性的主體」作為自我概念, 由此證立「 應該道德 」, 這種證立方式容許人們假若不以「理性主體」作為自我概念的話, 則便可以作無道德論者 。同樣, 假若人們認為就算人具有意志自由也不比動物優越 (事實並不能推論出評價), 並且不以這種超動物的人作為自我概念, 亦即甘心作為禽獸,他亦可以作無道德論者。

五、 總　結

內格爾論證了假若人以「眾人中之一人」作為自我概念的話, 所作的道德判斷必須是利他主義的。認為自己只是眾人中之一人, 就是排除了作獨我論者的選擇,然而利他主義不單預設了非獨我論,還預設了非無道德論。由此可見, 他利用人的自我概念,並不能證立道德。

儒家認為人假若意識自己具有超動物的能力, 並以發揮此能力因而成為比動物優越的個體作為自我概念, 則便證立了道德, 儘管如此, 仍然同樣容許人不認取這種自我概念而選擇作無道德論者, 由此可見, 作為一道德主體還是作為無道德論者, 不是決定於實然的經驗

---

⑫　有某些情況亦可是竊題的, 例如, 假若理性的概念本身便包含道德的概念便是。

⑬　參考 Peter Singer, "The Triviality of the Debate Over 'Is-Ought' and the Definition of 'Moral'"。

因素，也不是決定於邏輯上的必然，而歸根究底是一項抉擇（這裡反映，表達論證保障了人是自由的道德主體）。只是儒家指出，作無道德論者必須付出代價：認為自己等同於禽獸並因此而真的淪為禽獸。所有企圖說服無道德論者放棄其立場的論證，都只是顯示出作為無道德論者所必須付出的代價而已。這就是本文首節所言的：所謂證立道德，就是指出「應該道德」的非道德的理由。

（本文原刊載於《當代新儒學論文集：內聖篇》，周群振等著，臺北：文津出版社，1991。）

參 考 書 目

英文部分:

- Christopher Allan McMahon, *Morality and Expression,* Ann Arbor, Mich.: University Microfilms International, 1981.
- Thomas Nagel, *The Possibility of Altruism,* Princeton, N. J.: Princeton University Press, 1970.
- Kai Nielsen, *Why Be Moral?,* New York: Prometheus Books, 1989.
- Peter Singer, "The Triviality of the Debate Over 'Is-Ought' and the Definition of 'Moral'", *American Philosophical Quarterly,* 1973.

中文部分:

- 《孟子》。

儒家倫理現代化之路向

　　一個社會、國家或民族進入現代階段，都自然會對傳統文化作出或深或淺、或強或弱的挑戰，這是現代社會的工業文明使人們產生新的價值觀、新的人際關係、生活方式等所導致。有些民族（如中國），在現代化過程中，由於某些歷史因緣，更出現文化認同危機。傳統往往被視爲批判的對象、阻礙現代化的敵人。人們將傳統與現代置於勢不兩立的境地。

　　時至今日，我們理應超越時代的限制，對傳統與現代作全面而深刻的反省。儒家倫理有甚麼價值、是否能適合現代社會、它是否必須經過改造……等等，是本文探討的重點，也是上述反省的其中一步。

一、知識與道德創造

　　有些學者如韋政通認爲，儒家倫理最大的缺陷，就是由於其對於性善的肯定，以至很多道德觀念都是正面的，如仁、義、禮、智、信等，其對現實人生的種種罪惡，並無深刻的剖析，由此作出「儒家對生命的體會是膚淺的」的論斷[1]。韋氏認爲，造成這種膚淺體會的原

---

❶　見韋政通，《儒家與現代化》之＜儒家道德思想的根本缺陷＞，p. 3。

因，乃在於「儒家觀察人生，自始所發現者在性善」❷，而性善論所產生的歷史背景，爲靜態的農業社會，其人生思想的奉行者又是理想單純的士大夫階級，因此，這種道德思想，「對生活安適、痛苦較少的人，比較適合而有效，對生活變動幅度大，且有深刻痛苦經驗的人，就顯得無力。」❸

縱使我們同意時代背景與思想文化之間有某種外緣上的關聯，然而韋氏論證的前提並不符事實，因爲儒家興起的時代，乃正值社會失範的時代，當時，「臣弑其君者有之，子弑其父者有之」，國與國、家與家、人與人都爲了一己之利益相爭，不惜犧牲家族關係、倫理親情以及社會安定，當時自士大夫以至庶民百姓，目睹的罪惡之深重、面臨的道德困境之艱難、遭遇的道德考驗之嚴竣，較之現代人所要對付的，毫不遜色。只是儒家對當時的社會狀況及時代問題的體會深刻，卻仍然提出人性乃善的主張。

可見儒家對性善的肯定，不是由於在古代靜態的農業社會中，觀察到人們恬靜和諧的生活而作出，反而是在戰亂頻仍、民不聊生、社會制約失效的年代，深切意識到道德規範的重要，進而反省到，要重建社會中道德規範的效力，必須先肯定人具備道德的能力，再進一步指點出培養此種能力使之在需要時發揮作用的修養工夫。關於修養的工夫理論，尤其受到宋、明兩代理學家的關注，研究漸加精微，以致所重視的「惡」，不單是已彰顯的罪惡，甚而留心於未表現於行爲的念慮，認爲一念之差，便足以形成罪惡，所以特別要在意念將成未成之間，喜怒哀樂等情緒將發未發之際，發揮自我主宰的能力。可見儒家乃非常著重時刻的內省，痛言「人心惟危」，提出「戒愼恐懼」與

---

❷ 同上。
❸ 同上。

「愼獨」的工夫，這些都說明性善論並不預設人生是簡單純樸的、成聖成賢是一蹴卽就的，那又如何會得出「把修養工夫看得太輕易」❹的結論呢!

韋氏認爲，儒家由於「不正視理性與生命之間所造成的矛盾」❺，所以「當面對著理欲衝突之際，古代的儒家只強調直道而行，或只察覺到氣稟之蔽，對這衝突之解除是無補的。這種簡單的構想，證明儒家的道德思想尚停在極膚淺的層次上。」❻據韋氏的見解，「人的行爲是否完善，決定的因素很多，如內在生理條件、心理條件，外在的生存環境、教育環境。這些條件如能配合得宜，則人就比較容易克服妨礙道德的阻力，使行爲中的過失減少；這些條件如不能配合得宜，則人就不易衝破壓抑道德的阻力，行爲常趨於犯罪。」❼他建議:「要使道德思想深刻化，必須透視上述的那些條件，對之作知識的分析，然後你才能逐漸明白人的行爲不能日趨完善的眞正原因；進一步也才能知道要使人行爲完善應有的努力。這是把道德問題的研究帶向知識化。」❽

道德的問題，依筆者看來，歸根究底是意志的問題，將自己認爲該作的付諸實行，固然需要堅定的意志（見義而爲之謂勇）；撤除一己利益的考慮而作出大公無私的道德判斷，同樣需要截斷衆流的意志。假若我們希冀作出無私的道德判斷，去實現一種非出自個人觀點的價值❾，那麼，關於他人的意見、所牽涉的事態的性質、事態與其他事

----

❹　見韋氏前引書，＜儒家道德思想的根本缺陷＞，p. 7。
❺　同前引書，＜儒家道德與知識＞，p. 26。
❻　同前引書，＜儒家道德與知識＞，p. 27。
❼　同上。
❽　同上。
❾　當代倫理學者 Thomas Nagel 作出個人觀點與非個人觀點的區分，關於這方面的討論，可參閱黃慧英，＜無私與偏私的調和＞一文（本書第4篇）。

態的關係、實現價值的諸種途徑及其效果等等都需要知識，因此顯而易見的，知識是合理的道德判斷的必要條件。此點儒家並不否認，甚至認爲那是道德意志爲了實現價值所設法去獲得的。然而，儒家所熱切探求的，就是人的意志如何方能淨化，如何才可以擺脫個人利益的牽引，如何能夠做到以非個人觀點決定價值。

　　韋氏談及的實踐道德的條件及阻力等，是關於「是甚麼」的問題，人們對此等問題可以作客觀的研究，建立知識。知識可以使我們了解事情的眞相，但當人們去考慮應然的問題時，這些知識並不能起決定性作用⑩，儒家相信，「人現實上具備甚麼才能」與「環境是怎樣的」並不能改變「人應該是怎樣的」的觀念，儒家尤其相信，沒有甚麼客觀環境能限制人的道德能力，所謂「我欲仁，斯仁至矣」(《論語・述而》)，「我未見力不足者」(《論語・里仁》)，「應該」是一目標，且是人人能據此而行事的。只有當人們去設想，如何能將「應該」付之實行的時候，借助上述的知識，也許是有益處的。這可能就是知識對道德的正面意義。假若認爲儒家倫理需要現代化，擴展知識在此意義下不失爲一個方向。

　　誠如韋氏所言，「只有在不斷戰鬥中，人才能契入生命的底蘊，了解生命的奧祕」⑪，因此人縱有豐富知識，卻想以知識去捕捉生命，生命便頓成鏡花水月，因爲人的生命不單是現實的物理存在，還是一個價值主體。可是韋氏續言：「生活安適，遭遇平常，把冥想當作體悟的人，如何能解悟生命，又如何能有眞切的道德工夫？」⑫然而，就算物質生活安泰、在際遇上順適的人，也不免有種種道德問題，故亦不

----

⑩　這是有關從實然能否推論出應然的問題，請參閱黃慧英，《後設倫理學之基本問題》，第2章內的解析。

⑪　同韋氏前引書，〈儒家道德與知識〉，p. 31。

⑫　同上。

免常陷於自我掙扎的戰鬥中，只要他願意邁向應然的目標，發揮意志的主宰作用，那麼縱使身為農業社會的士大夫，也能契入生命的底蘊，並愈來愈體證到人生的莊嚴與意義。

道德工夫包括對生命的了解，而要了解的不單是自己的生命；在關係到他人的道德事件中，作道德抉擇時，道德心要求我們設身處地體會他人的感受，果能如此，便是將自我的經驗延展，那時所體證的不再局限於自己的生命，還包括眾人的生命。儒家認為對於他人生命的了解，必須藉「仁心」的「感通」而獲得。當我們與他人感通，便會體會到他人的欲望、痛苦、哀傷、絕望。這裡所說的體會，不是知性的了解，一如對自然界事物的認識，而是在自己方面，感受到相同的痛苦、哀傷……，我們既然不願意這些痛苦發生在我們身上，並且正由於透過感通，我們對他人的痛苦也形成相同的痛苦（此即所謂「感同身受」），因此我們亦希望它不會發生在他人身上。同樣，基於這種感通能力，我們要求促進的不獨是個人的幸福，兼且是他人的幸福。這種對他人幸福的追求，就是根據非個人觀點（impersonal standpoint）而建立之善，由於其建基在一種視人如己的感通上，故我們欲望其實現就正如我們欲望自己的幸福一樣，而此之謂「好善惡惡」。由此可見，判斷者基於感通而界定善惡，可視為一種「道德的創造」。從自我的生命跨出，不停留於一己的經驗，不單從個人觀點出發，決定價值，便是道德工夫的第一步。生命既是創造的歷程，便不該視為知識的對象，在此不言「解悟」，當然亦非僅靠冥想所能把握與完成。總括而言，在道德事件中，重要的不是認知，而是感通，這是儒家關於知識的功用及其限制的立場。

二、社會規範的意義

道德既然是一種創造活動，人可以依個別情況作出獨特的道德判斷，那麼，人是否不需要任何道德規範，來指導我們的行為呢？的確，道德判斷是否大公無私、是否理性，斷不在於它是否符合既定的規範，那麼，所謂社會規範，對於道德活動來說，有何意義呢？

當代倫理學家赫爾 (R.M. Hare) 肯定人具備批判的道德思維能力，可針對特定的情況，作出批判的道德判斷，雖然如此，但仍然強調道德規則（他稱之為初步的道德原則（*prima facie* moral principle)）的重要性，以下是他提出的證立理由：（一）在緊急的情況下，不容許作批判性的反省，從而作出合理的道德判斷，那麼，借助在一般情況下行之有效的道德原則，大抵會與批判道德思維的結果相符。（二）人在成長過程中，假若受到初步道德原則的教養及薰陶，便不會由於個人的偏見或私心，而輕易違背這些一般來說為社會帶來幸福的原則❸。赫爾提出的初步原則是經過批判思維證立的，而批判思維所用的證立原則是效益原則 (principle of utility)，故他證立規則之重要性的方法類乎規則效益主義者的方法，然而，姑撇開赫爾的效益主義立場，上述的理由是可以接受的。赫爾以效益主義來證立道德規則，儒家則會提供怎樣的證立呢？

「道德規範」，在中國古代社會中乃藉著「禮」來施行，眾所周知，儒家賦予禮十分重要的地位，例如在治民方面，孔子嘗言「道之以德，齊之以禮，有恥且格。」（《論語‧為政》），甚至以「守禮」作為盡孝之道❹，又例如孔子說：「恭而無禮則勞，愼而無禮則葸，勇

---

❸ R. M. Hare, *Moral Thinking: Its Levels, Method and Point.*
❹ 孟懿子問孝，孔子以「生，事之以禮；死，葬之以禮，祭之以禮」作答。見《論語‧為政》。

而無禮則亂,直而無禮則絞。」(《論語‧泰伯》),指出各種德行如沒有禮作爲準繩, 則可能會隨個人的性稟之偏而出現弊端。雖然如此,但在儒家來說❶,禮也不是絕對而不可改易的。孟子所言:「由仁義行,非行仁義也。」(《孟子‧離婁下》)就是指出「仁」、「義」若作爲一種德目或外在的規範, 則奉行仁義, 使我們這些行爲合乎規範的要求, 並不是道德之終極。眞正的道德, 必須由個人基於仁義之心作出, 而禮或道德規範的意義, 便在於將仁義之心所訂定之價値具體化與客觀化。

假若我們根據上節對於「感通」之作爲「道德根源」的理解, 則道德規範之意義亦可作如下的闡明: 人以其感通能力, 體認交往中對方的意欲好惡, 並希冀對方得到滿足,於是選出能達致此目的的行爲, 推而廣之, 憑著感通, 人亦可了解不同身分、關係、情境中的他人的意願與期望, 而找尋出一般能使他們得到滿足的做法。因此, 假定人由於同屬人類, 而有大致的共同愛惡, 則可以制訂一般能夠滿足眾人的行爲模式, 作爲道德規範, 於是道德規範可理解爲:「出於人與人之感通, 覺察眾人的共同愛惡, 希冀各人都得到滿足, 而建立的人間秩序。」於是, 舉例來說,爲何朋友間要遵守「信實」這種道德規範呢?那就是人基於與朋友之感通, 體會對方是如此期待於自己的, 並肯定自己若身處其位, 亦會作出這樣的期待, 雙方既有共同的期待, 亦以滿足對方的期待爲目標, 故以信實要求他人之際, 同時如此要求自

---

❶ 儒學傳統源遠流長,「儒家倫理」這一概念亦涵蓋甚廣, 其內容隨時代而有所變更, 這裡所談論之儒家倫理, 乃專指孔子的「仁說」以及孟子的「性善論」, 總言之, 就是以「仁」「義」之心作爲道德根源的主張; 分言之, 就是對人具備道德能力——包括知善知惡、爲善去惡、好善惡惡之能力——的肯定, 重點在於標榜人是價値主體。藉著以上的規定, 大抵可以將孔孟之倫理學說與制度化的儒學系統, 以及各種以儒家之名行法家或陰陽家之實的主張區別開來。

已。如此，除非否定應該滿足他人的需求（那即否定道德），或者否定朋友間這種相互的期待，否則，「朋友有信」仍是朋友相處的道德原則，並可根據這原則衍生出對行為的具體要求及指引。

從上面的闡述，大概可以了解，禮或道德規則必須根據仁心，無所偏私地照顧到眾人的意願與期望，才有其價值。但是，我們也必須留意，道德規則只相對於一般情況而有效，當一些特殊的情況出現，便必須以道德的創造能力另作處理；如「嫂溺，援之以手」以及「舜不告而娶」都是說明這種特殊情況的好例子。亦只有這樣理解道德規則的局限，才可明白孟子所言：「夫大人者，言不必信，行不必果，惟義所在。」（《孟子・離婁下》）的意思。因此，我們亦應警覺，雖然在訂定道德規則時通過道德（仁心）的證立，但隨時代遷移，人們的意欲或愛惡的傾向或者亦會產生變化，墨守成規，反而可能有礙於體現仁心的要求，故當某些規則受到質疑時，需要隨時再加以檢核，決定是否仍能得到證立，證立的根據最終仍在感通之上。

總括來說，道德規則或社會規範作為制度或行為的指引模式是具體及具內容的，正因如此，它必須能適應時代、因應民族需要，這樣才能發揮其正面作用，也才能使人們通過恪守禮制規範，而建立起令眾人愜意的美滿人間秩序。這是道德規範的意義所在。另一方面，憑感通以建立的善惡則是絕對而非相對的，這種絕對性乃是道德的本質，我們只要認同儒家對人的信念（人有不受環境支配的道德能力，因而比禽獸尊貴），以及認同儒家對於道德的理解（道德是人發揮其道德能力所作的對人對己的要求），那麼，不論何時何地，我們應以這種感通能力作為道德規範的依據，在有需要時去衡量哪些具體的禮制仍值得保存，哪些已經僵化而必須揚棄。

自與西方接觸以來，文化的差異使中國人感受到很大的衝擊，尤

其在晚清中國與西方諸國在軍事國力方面對比懸殊的情況下，中國傳統文化的價值備受懷疑，禮的問題更形尖銳。然而，今時今日，我們理應冷靜下來，重新檢討禮的時代意義。正如上文分析的，禮作爲具體的禮儀必須適應時代，才能發揮其正面意義。舉例來說，對於傳統禮制中對婦女的制約，我們應該作出全面的反省，設身處地體察當代婦女的需要與願望，她們對社會、家庭、丈夫、子女的要求與期望——其中有些是作爲一個人應該享有的平等對待及尊重（例如能完全支配自己的生活、職業、前途等），另一些是作爲一個女性的特別需求（如職業婦女在家務的分工上能得到充分的支持；女性在生育方面的抉擇能受尊重；母親在育兒的貢獻能受到社會實質的重視等等）——然後據此重新釐訂有關婦女的社會規範。這裡所說的規範，並不應僅僅理解爲一種制約，它應體現著使每個人都能發揮其優秀品質的道德原則。

　　剛闡明的關於規範的意義，正好顯示禮在現代社會中的功能，它不應作爲統治的工具、也不應作爲有權勢者用來壓制人的手段而存在。在現代社會中，規範應得到適當的強調，並應重新建立以道德爲根據的禮制，俾使人們都生活在合理的相互期待中。現代人際關係仿如千絲萬縷，個人擔負的角色交錯重疊，角色所需履行的責任很多時發生衝突，所以上述的工程十分浩大；雖然如此，當代儒家可謂責無旁貸，但這工作嚴格說來並非屬於儒家倫理理論的現代化工作，而是儒家倫理在應用於社會建構方面的發展，這不單是儒家爲適應這個時代所必需，而是現代人要重建社會規範所必需，故亦當是現代人共同努力的目標。

三、主體性與個體性之交融

個性心理學重視人格的發展，致力於如何培養整全健康人格之研究，有些學者指出，建立關於理想自我的理念是獲得整全人格的必要成素。理想自我的理念必須包括合理性（reasonableness），即對自己的道德行為對人對己作出證立的要求，除此之外，亦包括自我詮釋（self-interpretation），即對「為何道德」的問題藉著「自我的概念」作答⑯。倫理學者如內格爾（Thomas Nagel)亦提出,某種自我概念的建立，是使利他主義可能的關鍵⑰。這些觀點，都是將道德自我的建立視為人格發展的重要環節，亦即認為人的道德主體性是整全人格的構成部分。這固然正確無誤。另一方面，一般都同意，個體性（individuality）也是人格的另一構成部分。主體性乃就道德方面而言，個體性則隨著人的性格、理想、才能、情感的發展而形成，前者顯現人的普遍性，後者則突出人的獨特性，二者既同為人格的部分，故不能偏廢。

儒家倫理其中一項為人詬病之處，乃是儒家倫理壓制了個體性的發展。張德勝在《儒家倫理與秩序情結》中說:

> 傳統中國所講的修養，基本上是把個人融於社會的角色中，……換言之，在儒家倫理支配下的中國社會，個人是存在的，但只是寓於角色中的個人。⑱

---

⑯ 見 T. E. Wren, *Caring about Morality: Philosophical Perspectives in Moral Psychology,* Ch. 6, 作者甚至聲稱：「最大的道德掙扎看來是關於自我詮釋方面，而不在於抵抗引誘方面。」p. 165。

⑰ Thomas Nagel, *The Possibility of Altruism.*

⑱ 張德勝，《儒家倫理與秩序情結——中國思想的社會學詮釋》，p. 167。

孫隆基在他的《中國文化的深層結構》中也提到：

> 中國人則認為：「人」是只有在社會關係中才能體現的 —— 他
> 是所有社會角色的總和，如果將這些社會關係都抽空了，「人」
> 就被蒸發掉了。[19]

他們的觀點，可歸結為兩點：(一)在中國社會，人是作為角色中
的個人（或社會關係中的個人）而存在，卽是說，「人」只是作為「某
人之父」、「某人之子」、「某人之夫」、「某人之兄」等被理解及認同；
(二)人的此種存在方式為儒家倫理所穩定及加強，因為儒家倫理就是
對不同角色的行為作出規範；他們更進一步論斷，基於上述兩點，造
成的結果是，中國人只是千篇一律、沒有個性的民族。將上述推論簡
化，就是：由於儒家認為人是透過角色、關係等實現道德的，所以撤
除了角色便無所謂個人[20]。這推論本就十分奇怪，就前提來看，照理
只會得出：除了角色倫理以外別無其他道德規範，或者是，不能撤除
角色規範而談論道德。關於第一點，若我們考察中國歷代傳記及文
學，便會發覺，在歷史家與文學家筆下，中國人除了生活在社會關係

[19] 孫隆基，《中國文化的深層結構》，p. 11。在同書 p. 30 中，孫氏對這
論點作出較詳細的闡述：「所謂社會公認的渠道就是一些公式化的『二人』
關係，例如：君臣、父子、夫婦、兄弟、朋友。自然，在任何人類社會中
都會有這些關係，只不過，中國人傾向於用這些先定的公式去『定義』自
己，而不是由自己去『定義』這些公式。由自己去『定義』這些關係，自
然也會有『情』，而且情之所發反而會更自然自發。如果由這些關係來『定
義』自己，就會造成抹掉『自我』的傾向。『自我』既然遭抹殺，『個體』
的生命力就變成不是由自我去調配的因素，而變成必須由外力去制約的對
象。於是，『個體』也就失去自我調配的能力。」假使明白本文上節的討
論，並且同意「儒家主張由人去界定道德」這結論，便可清楚所謂「抹殺
自我」並非儒家的意圖。
[20] 同張氏前引書，p. 165。

中，同時也以特立獨行的姿態出現於歷史舞臺：同是帝王將相，便有
千百種不同的面貌，同是忠臣孝子，亦各有不同的形態，故理論上
說，角色並不能將個體定型定格，而實際上，中國人對人的品評，亦
不單就其身分地位來評斷，而往往就其個別行為來加以褒貶。此點是
甚至主張「在儒家社會理論中……，人被安置在一個關係網絡中 ──
人乃是『關係的存在』」❹的金耀基，也清楚看到的：

> 在關係網絡中，個體同他人的關係既非獨立的，也非依附性
> 的，而是相互依賴的。因此，個體自我並沒有完全失沒於種種
> 關係之中，相反的，個體有著廣闊的社會空間和心理空間自主
> 地行動。誠然，除了天然的「倫」……之外，個體亦有相當大
> 的自由去決定是否同他人發生人為的關係，而且，個體自我還
> 能夠塑造 —— 如果不是決定的話 —— 他同旁人之關係的種類。
> ❷

　　故此在關係網絡中的個體並不由於其是關係的存在而完全被塑
造。至於第二點，認為儒家倫理由於是一種角色倫理，故加強了中國人
重視角色而不重視個性的趨勢，這種推論方式，正是把中國現存情況歸
咎（或歸功）於儒家的常見推論，我們必須清楚分辨，造成中國人或
社會種種現狀的因素很多，諸如政治制度、經濟形態等，文化因素只
是其中一種具影響力的因素，而文化因素之中，儒家（思想、教育、
道德等）亦只佔其中一環，故不能倉卒作出「儒家乃某些現狀的成因」
這種未經考證的結論。退一步來說，假設儒家倫理在某程度上影響中

❹　見金耀基，《中國社會與文化》，p. 10。
❷　同前引書，pp. 10-11。

國民族的性格，那麼是否角色倫理使得中國人喪失個體性呢？這亦可
分兩方面來探討：（一）儒家倫理是否單純是一種角色倫理？（二）就算
儒家倫理是一種角色倫理，是否會使中國人失去個性？就第一方面來
說，儒家固然重視人際間的責任，所以爲不同角色訂定了各種規範，
如孔子所言之「長幼之節」、「君臣之義」（《論語‧微子》），以及孟
子所言之「父子有親，君臣有義，夫婦有別，長幼有序，朋友有信」
（《孟子‧滕文公上》）（是謂人倫），大抵是人們將儒家倫理定性爲
角色倫理的依據，當然漢以後之儒者以禮來確立尊卑、上下、大小、
強弱等地位 ❷，更加強「儒家倫理是角色倫理」的印象。但若翻看
《論語》、《孟子》，便發覺孔孟並未致力於闡釋個別角色所應遵守
之規範，亦即沒有特別強調界定不同角色的責任，所謂「長幼之節」、
「君臣之義」、「君君臣臣父父子子」等，都是點出各種關係均有一定
規範要遵守，並沒有將重點放在制訂具體的角色規範之上，而尤其重
要的是，他們更多談論的，乃是要成爲一個道德上有修養的君子，在
各種情境下、處理各樣事務、與不同的人交往、以至於修養自己的德
性，所須注意的品格鍛鍊與要求，如《論語》：「君子道者三……，仁
者不憂，知者不惑，勇者不懼。」（〈憲問〉）；「子曰：『志士仁人，
無求生以害仁，有殺身以成仁。』」（〈衛靈公〉）；「子路問君子，子
曰：『修己以敬。』……『修己以安人。』……『修己以安百姓。』」
（〈憲問〉）；「子曰：『君子求諸己。』」（〈衛靈公〉）；「子曰：君

❷ 如賈誼說：「道德仁義，非禮不成；教訓正俗，非禮不備；分爭辯訟，非
禮不決；君臣、上下、父子、兄弟，非禮不定；宦學事師，非禮不親；班
朝治軍，蒞官行法，非禮威嚴不行。禮者，所以固國家，定社稷，使君無
失其民者也。主主臣臣，禮之正也；威德在君，禮之分也；尊卑大小，強
弱有位，禮之數也。……故禮者，所以守尊卑之經、強弱之稱者也。」
（《新書‧禮》）

子義以爲質，禮以行之,孫以出之，信以成之。君子哉！」（〈衛靈公〉）；《孟子》：「居天下之廣居，立天下之正位，行天下之大道。得志，與民由之，不得志，獨行其道。富貴不能淫，貧賤不能移，威武不能屈，此之謂大丈夫。」（〈滕文公下〉）凡此不勝枚舉。若將這些要求視爲規範，未嘗不可，但與其說是針對特定的角色而制訂的禮節，毋寧說是對人的普遍的道德要求在生活的不同面向上的具體落實，亦卽是普遍的道德原則（仁、義）的具體體現。這道理在孟子「仁內義外」的辯論中，至爲明顯：「義」根本上並非由角色或關係等外在條件所決定，角色的特定規範乃是仁義之心在具體事項上的應用。一如上節所論，規範不是第一序的，角色倫理也只在得到道德心的證立才有意義。日後漢儒著重角色的規範，甚至以陰陽之說加以證立，實已本末倒置，違離原初的孔孟精神。依上所言，先秦儒家的倫理並不能算作角色倫理。

既然對第一個問題作了如上的回應，那麼本冊須回答第二個問題。然而，這裡仍然可申明，就算儒家倫理是角色倫理，並且人受到各種角色的規範制約,則亦不會導致他喪失個體性，理由如下：一個人除了具備金耀基察覺的「在決定是否與人發生關係」意義下的自主性之外，其實就算處身於角色之中，也只在涉及角色的道德責任的領域內，會受到道德的約束（卽使如此，履行道德責任亦容許各種不同的方式），其餘不關道德方面的表現,實在不受羈絆。推而廣之，無論是否進入角色，一個人除了是一道德主體之外，還是蘊有情意、欲望，具有不同性向、才華、愛惡的個體，儒家雖然重視道德，但不是唯道德主義，因此道德之外的廣濶空間，人們是可以任意翱翔的。人的個體性是否受道德所淹沒，乃取決於道德是否佔據了人的生活的各個層面與空隙，因而窒礙其他方面的發展，而非關乎人際的道德是否屬於角

色倫理。總而言之，就算儒家倫理是角色倫理，那麼對每一角色的要求與規限也只屬於道德界域內的事，若西方有某一倫理系統，是包天蓋地地管攝人的行為的，雖然不是角色倫理，也同樣扼殺人的個體性。

在現代社會，個體性日漸受到重視，現代人不單意識到個體性為完整人格所必須具備，當代不少學者更聲稱，有足夠的自由度去發展個體性，應被視為人的權利，此外，民主社會必須尊重人民的個體性，在很大的範圍內容許、甚至鼓勵個體性的自由發展。就個人來說，個體性愈得到發展，對人權便愈加醒覺，因此個體性不只是民主社會的必須條件，也是民主社會能夠建立的現實基礎。由此可見個體性在政治上的意義。

除了上述作為民主社會的條件與基礎之外，對於現代社會出現的流弊，個體性也是一服對症的靈藥。現代社會在政治運作、經濟政策以及社會設施方面，一律視人為一個單位，有時也會考慮到人的特殊性，但仍只作為某個類別的人的共同性質來看待，這固然是必須建立普遍原則的公平社會的合理方向，然而，弊端就是個體受到忽視，而人的個體性若得不到伸展，源自個體性而冒發的創造性亦自然受到滯礙，長久下去，文化生命亦喪失活潑的生機。尤其在這個效益主義籠罩現代人生活各個領域之時代，人被物化、甚至量化成可以替代的數字；在資本主義社會中，人更被商品、廣告等牽引，而湮沒於社會潮流中；人本是價值主體，但由於個體性的迷失，主體性亦不能彰顯。於此看到，主體性與個體性不單不互相排斥，反而是相輔相成的。因此，開拓人們之個體性，為他們保留道德領域之外的空間 —— 包括藝術、宗教等領域 —— 讓他們自由發揮，實在是社會措施及教育政策的應然方向。人可以在宗教的領域內選擇個人的信仰、安頓人對於宇宙

萬物的終極關懷❷；另一方面，藝術的領域涵蓋極廣，除了一般的藝術創作外，尚包括一切之藝術欣賞、生活品味、嗜好以至情感的投注。凡此種種，儒家並不輕忽，孔子本人便曾陶醉於音樂境界中，三月不知肉味。

　　最值得留意的是，孔子從來沒有以成聖成賢爲所有人的人生唯一目標；孔子自己固然以其不忍人之心，欲行仁義於天下，但他充分意識到聖賢只是道德方面的理想人格，在道德以外，各人有獨特的性向、才情，也有自己的欲望與抱負，是以他能夠欣賞學生曾點的志向❷，並且由於那是毫不矯飾的個性之自然流露而加以讚歎。他因材施教的教學方法，平常大家都談得很多，但多就教育效果而加讚許，其實更深的一層意義乃在於，尊重並保留學生的個性，而僅在其原有的性好上加以引導及提昇，使其省察潛存的普遍人性（仁），且以各自不同的方式顯發出來❷，這就是普遍者藉著特殊者的表現而成爲「具體的實在之意❷。儒家的課程設計，環繞「六藝」（禮樂射御書數）推行，目的是提供受業者個性、能力等多方面發展的機會。故實在是重視個性，不以單一的價值取向壓倒各種傾向的佐證。

　　雖然如此，我們不得不承認儒家對個體性的重視，不及其對人的道德理性的強調，因此，在教育、文化設施方面，培養及策動個體性，當是儒家倫理現代化的重點之一。

（本文爲中央研究院中國文哲所籌備處舉辦之「當代儒家」研究計劃第一次研討會上發表之論文，1993。）

❷　當然有些宗教的教義本身、或某些宗教經制度化後會禁制人的個體性，甚至主體性，但就人之選擇（認同）宗教而言，假若是一自由的選擇，則仍是基於個體性所作的決定。
❷　見《論語・先進》。
❷　詳參閱韋銘輝，〈孔子的教學理論與實踐——因材施教〉。
❷　關於此點，可參考李瑞全：《當代新儒學之哲學開拓》，第15、16兩章。

參 考 書 目

英文部分:

● R. M. Hare, *Moral Thinking: Its Levels, Method and Point,* Oxford: Oxford University Press, 1981.

● Thomas Nagel, *The Possibility of Altruism,* Princeton, N. J.: Princeton University Press, 1970.

● Thomas Nagel, *Equality and Partiality,* Oxford: Oxford University Press, 1991.

● T. E. Wren, *Caring about Morality: Philosophical Perspectives in Moral Psychology,* Cambridge, Mass.: The MIT Press, 1991.

中文部分:

● 金耀基，《中國社會與文化》，香港: 牛津大學出版社，1992。

● 李瑞全，《當代新儒學之哲學開拓》，臺北: 文津出版社，1993。

● 韋政通，《儒家與現代化》，臺北: 水牛出版社，1986。

● 韋銘輝，〈孔子的教學理論與實踐 —— 因材施教〉，香港: 香港中文大學教育學院(未出版之碩士論文)，1982。

● 孫隆基，《中國文化的深層結構》，香港: 壹山，1983。

● 張德勝，《儒家倫理與秩序情結 —— 中國思想的社會學詮釋》，臺北: 巨流圖書，1989。

● 黃慧英，《後設倫理學之基本問題》，臺北: 東大圖書公司,1988。

● 黃慧英，〈義與利 —— 無私與偏私的調和〉，《鵝湖月刊》第209期，臺北: 鵝湖月刊雜誌社，1992。

儒家倫理學與德育之重點

一

在後設倫理學（meta-ethics）所關心的課題當中，特別與道德心理學相關的，乃是道德判斷與行為的關係，有關的討論通常以如下的問題形式開展：「道德判斷是否內在地具發動行為的力量？」換另一種形式來說，就是：「動機成素是否『道德判斷』這概念本身的組成成素？」對上述問題給予肯定答案的被稱為內在論（internalism），而給予否定答案的被稱為外在論（externalism）。這區分早在 40、50年代由 W. D. Falk 與 W. Frankena 提出❶，當代倫理學者內格爾（Thomas Nagel）在他的 *The Possibility of Altruism* 一書中加以發揮，他將內在論定義為：一種「認為道德行為必需之動機乃由倫理原則與判斷本身所提供」之觀點，而外在論則認為需要一種外加的心理方面之規約力量來發動我們的意向❷。關於這兩種觀點的區分，本來甚有助於我們對道德的特性、道德意志，以至理性與欲望、行為

---

❶ 見 T. E. Wren 的論述，可參考 *Caring about Morality: Philosophical Perspectives in Moral Psychology*, p. 15。

❷ Thomas Nagel, *The Possibility of Altruism*, p. 7.

的理由與證立等方面的研究，甚而有益於道德心理學與德育理論的發展，然而，可惜的是，根據 Thomas E. Wren 在他那本題為《關切道德 —— 道德心理學中之哲學觀點》的說法，上述兩觀點的爭論只局限於哲學界的小圈子中，在心理學關於道德的研究方面，竟無一明確提到此區分，卻在沒有細察的情況下，沿用了其中一觀點，而在兩種觀點中，外在論乃為多數道德心理學家所樂於採用❸。

在筆者看來，外在論的困難固然在於：道德判斷之發為行為由於決定於外在力量，故而沒有保證；然而，另一方面，內在論雖然將發動行為的力量置於道德判斷本身，但卻要面對「如何方能作出具規約性的道德判斷」這問題。當代倫理學者赫爾 (R. M. Hare) 藉著分析道德語言的邏輯性質，建立了普遍指令論 (Prescriptivism)，指出所有道德判斷都具指令性（prescriptivity），所謂道德判斷的指令性，就是說：若一個人眞誠地同意一道德判斷，則當時機到來，便必須作出判斷所指令的行為；此外，判斷還須具備普遍化可能性 (universalizability)，才稱得上一道德判斷，而普遍的道德判斷只有在將自己置身於他人境況，體會他人的意願後方能作出❹。他這種理論可算是給予內在論觀點一後設倫理學的支持。然而，人們可以進一步詢問，有甚麼理由使我們必須去作出普遍化具指令性的道德判斷呢？亦卽是說，甚麼理由使我們必須採用一種道德觀點（moral point of view）來指導行為呢？此乃關乎「爲何道德？」(Why Be Moral?）的問題，此問題若得不到解決，內在論始終會受到質疑。

---

❸　同 Wren 前引書，p. 16。
❹　關於 Hare 的普遍指令論，可參考 R. M. Hare, *The Language of Morals* 與 *Moral Thinking: Its Levels, Method and Point*。有關他學說的介紹及批評，可參考黃慧英，《後設倫理學之基本問題》。

事實上，很多道德心理學者都沒有嚴肅地處理此問題。

　　上面兩個問題 ——（一）甚麼是道德行為的發動力量？（二）為何道德？ —— 所牽涉的兩個概念，卽「發動道德行為的力量」與「去以道德觀點來指導行為的意向」，Wren以道德動力（moral motive）與道德動機（moral motivation）來區別，前者雖然較為道德心理學者所關心，但二者都可置於後設倫理學中解答。

　　儒家所關心者固然不在理論方面的建構，對於在實踐上亦有重大意義的上述兩問題，當然不會循道德語言的特性這個方向來探討，但在其倫理學說中，亦提供了一種睿見。它不單為內在論建立了理論的基礎，還解決了為何道德的問題❺。由於本文特重德育的路向，故將集中與道德心理學相關的課題來討論。

二

　　儒家倫理學的核心，在於肯定人具備道德的能力，所謂道德的能力，包含：(一)知善知惡；(二)為善去惡；(三)好善惡惡三方面的能力。首先，讓我們剖視「知善知惡」的涵義。「知善知惡」的「知」，表面看來，相當於一般所說的「道德上的認知」，而道德認知預設道德眞理的存在，這些道德眞理，乃揭示某類事物具備「好」或「善」等性質，它們獨立於人們的判斷而客觀存在，但是，對於儒家來說，作出道德判斷並不是對道德眞理的認知，而是人們對事物所賦予的評價。對善惡之知，稱得上是一種「道德的創造」。稱其為創造，就是

---

❺　可參考黃慧英，《後設倫理學之基本問題》。

判斷者在不依據傳統、文化、環境、地方風俗、歷史權威去界定善惡，而善惡的客觀性，基於判斷者是否能撤除單純的利害計較，以無私的立場作出。「道德眞理可獨立於判斷者無私的判斷而存在」這個理論，是一種「道德的實在論」（moral realism），不少倫理學者曾提出對此學說的批評❻，我們無法在此詳細闡述，不過，可以指出，假若道德的實在論不可接受的話，道德的認知主義（moral cognitivism）及描述主義（descriptivism）都會隨著被否定。

儒家除了肯定人有知善知惡的道德創造力之外，還強調「爲善去惡」的能力。所謂爲善去惡，就是指自己所作之判斷所指令的，對於我們，有一種不容已的推動力，要付諸行動。這種推動力本與撤除利害的計較而作出無私的道德判斷的能力同一，只是強調在行動時能排除現實上的種種阻礙而實踐出來的一面。可見，就道德判斷內在地具有發動道德行爲的力量而言，儒家可算是一種內在論；但道德之動力不在道德語言本身，後設倫理學者如 Hare，將道德動力的問題藉著道德語言的性質來解決，欲藉以彌縫語言與行動之間的鴻溝，但卻仍遺留了爲何要使用該套道德語言的問題。儒家知善知惡的能力以及爲善去惡的能力，其實均源自能與人相感通的能力之上。根據儒家，當我們與他人感通，便會體會到他人的欲望、痛苦、哀傷、絕望，這裡所說的體會，不是知性的了解，一如對自然界事物的認識，而是在自己方面，感受到相同的痛苦、哀傷……，我們既然不願意這些痛苦發生在我們身上，並且正由於透過感通，我們對他人的痛苦也形成相同的痛苦，此即所謂感同身受，因此我們亦希望它不會發生在他人身上。同樣，基於這種感通能力，我們要求促進的不獨是個人的幸福，兼且是他人的

---

❻　見前引書，第 2 章，「直覺主義」一節。

幸福。這種對他人幸福的追求，就是一種根據非個人觀點(impersonal standpoint) ❼ 而建立之善，由於其建基在一種視人如己的感通上，故我們欲望其實現就正如我們欲望自己的幸福一樣，而此之謂好善惡惡。如此，感通之能力保證了善惡之客觀性❽。

我們可以概括，知善知惡、爲善去惡、好善惡惡都是一種能力的三面，同建基於與人相感通的可能之上；在儒家，與人感通，就是「仁」，故「仁」是道德的根源。

三

以上簡略闡述了儒家對人之知善知惡、好善惡惡與爲善去惡之能力的肯定，對於其作爲內在論者之重要性，然而，在實踐方面，儒家並不認爲單單擁有這種能力便已具足，它承認道德能力需要發展與培育。這是由於儒家對於道德能力的肯定，只是指出人有道德的可能性，至於這種可能性之實現，則需賴後天的努力。

儒家發現，阻礙道德可能性實現的因素，並非來自外界的事物或環境，而是個人自己意志所造成。是故培養道德能力的工夫，集中於意志的純化。所謂意志的純化，卽是從個人觀點（personal standpoint）邁向非個人觀點；人的意志在純粹的狀態中，卽可充分意識到他人的存在，並且視人如己。換另一說法，在意志純化的情況下，

❼　關於個人觀點與非個人觀點的區分及其對於道德的意義，可參考 Thomas Nagel, *Equality and Partiality*。

❽　從這裡亦可窺見儒家對於「爲何道德」的解答，簡言之，對於人類之感通能力的肯定，使人們醒覺其作爲道德主體的可能性，感通能力的發用卽時彰著「應該道德」的理由。

才可有眞正的感通，才能發揮知善知惡、爲善去惡的能力。

　　儒家既然將道德的發展理解爲意志的純化，那麼，在儒家看來，道德教育應以啓導感通之能力爲著力點，用各種方法培養關心他人的習慣，引導其發揮道德的想像力——即將自己置於他人的境況，感受他人的意欲，最重要的，是將他人的意欲視爲與自己的意欲具同樣的地位。

　　J. W. Vare 在一篇題爲"Moral Education in a Democratic Society: A Confluent, Eclectic Approach" 的論文中強調感性目標 (affective goals) 與知性目標 (cognitive goals) 在道德教育上同樣重要，它們均是使道德自主性 (moral autonomy) 得以發展所必須達成的。感性之目標包括對下列各傾向之培養：（一）共感 (empathy)；（二）開放與信任 (openness and trust)；（三）容忍或接受 (tolerance or acceptance)。所謂共感，是指「願意理解對道德兩難事件的各種反應，體察並警覺跨文化與社會內部的差異，願意想像自己處於他人位置。」「開放與信任」則包括：「自由表達信念與意見，願意參與小組及大組的討論及活動，願意與人維繫非形式的人際關係，著重合作而非競爭。」在「容忍或接受」方面，包括「藉著接受他人之意見來顯明對他人之尊重，具備對人之正面關懷態度，將醒覺擴至全球性的事件，以及願意了解。」❾ 細察這些感性目標，我們會發覺，共感若局限於以上的內容，則仍然只屬於知性的運作，在了解了別人的意見、信念、甚至感受後，並不意味著必定會以一非個人觀點來判斷，此點於「開放與信任」一項特別明顯，就算著重合

---

❾ 見 J. W. Vare, "Moral Education in a Democratic Society: A Confluent, Eclectic Approach", pp. 217-218。

作，亦只顯示有一高於個體目標的目標（如群體目標），但此較高目標之訂定，實在容許仍以個人觀點作出。只有「容忍與接受」中，具備對人之正面關懷態度方面，與感通較為相關，然而我們必須考察，「關懷別人」在甚麼意義下，可達到培養感通能力的目的。

「關懷他人」當然表示意識自己以外的他人之存在，並且對他人的幸福投以關注，但若這種傾向或態度單純出於對人友愛之情，一個人依據這種感情作出有關他人幸福的善惡判斷，可能受到兩方面的限制：（一）由於判斷源自感情，而未經理性審查的感情很可能「過之」或「不及」，因此，關於善惡的判斷亦可能有所偏差。（二）無論對他人的感受或意見體會得如何透徹，只要仍以個人觀點來作判斷，則作出之判斷仍可能與以非個人觀點所作的有距離，因為「非個人觀點」不單要求明白他人感受，更需撤除一己之利害、偏好、成見，視人若己。可見從「關懷他人」、「共感」、「同情心」、甚至「愛心」出發，均不能保證產生大公無私的判斷；而儒家所言之感通則並非單純是一種感情，而是意志的純粹狀態，故能據此界定善惡。

上面雖然對共感與感通的特性作出了分判，但並不排除培養共感或關懷他人的態度，乃有助於感通能力的落實與伸展。因為意識他人之存在，及重視他人之幸福，畢竟是視人如己的起步，所以在道德教育上，仍有其重要意義，只是我們必須警覺上述的限制。

至此我們可以明白，務使感通能力得以實現所需之工夫，其實亦即是意志純化的工夫，儒家在這方面有不少指引。例如孟子作出大體小體之辨，就是叫人覺察，人的自然欲望絕不可能作為善惡的指導原則，而人只有在不受個人欲望與利益的牽制之下，方能進行反省從而作出大公無私的判斷。此外，對他人培養出關愛之情，對他人之苦難加以正視，都是德育的重點，在實施上可以從親近的人做起，再加以

推擴，以至於「親親而仁民，仁民而愛物」的境地。當然，值得強調的，乃在於引發這些情感之際，促使人們內省，從而省察本有的好善惡惡、知善知惡的能力。這種對於道德能力的肯定，乃是一種理論工作，而必須在實踐中進行，一旦覺醒，便是道德能力在日後得以發揚的關鍵，這就是爲何儒家特重「存養」之由了。

儒家既然不承認有獨立於個人無私判斷的道德眞理的存在，所以道德教育的內容，並非在於提供道德知識，也不以灌輸道德規範爲重點。如此，道德上的認知僅在將認知理解爲對他人存在的覺識才有意義，對客觀世界的認知，在道德實踐上以至德育上，更只能處於輔助的地位。例如對於如何才是實行道德目的的有效途徑，又或者，現實上有多少選擇讓我們去揀取等等，此外，有關心理學的知識，或者能夠幫助我們去了解他人的感受，也許亦能使我們因應孩童心理的發展，而提供拓展想像力的各種方法。至此，我們可以看到，知識的增進，在道德實踐與道德教育方面所發揮的作用之限度。

這裡也需留意的是，某些道德心理學的研究指出，孩童之道德能力有發展之階梯，必須循序漸進，加以誘導❿，儒家對於此點，可以同意，但必不會接受：所謂發展階梯，作爲一項事實，具備規約力量，亦卽是說，不應以某一階段的道德原則，作爲前一階段的指導原則，假若前者並不能得到無私之原則證立的話。發展的進程只可視爲在培養道德能力的途徑方面，提供一參考的圖象，並不能作爲道德上的指標。尤其是，就算對於一般人來說，道德發展的規律大抵適用，但亦有個別的人，在當頭棒喝之下，生起頓悟。因此，儒家會認爲，不論對哪一發展階段的孩童，都應以大公無私的普遍道德原則來指引，

---

❿ 道德心理學家如 Piaget 與 Kohlberg 都有這樣的見解。

只當在使他們解悟的方法上，就他們的能力有所揀別而已。

四

基於上面所論，儒家認爲道德原則乃由無私的仁心所創發，任何旣定的道德規範，只處於第二序的地位。《孟子》中：「由仁義行，非行仁義也。」（〈離婁下〉）便充分彰明此意，此外，孟子亦曾明言：「大人者，言不必信，行不必果，惟義所在。」（〈離婁下〉）（在此「義」當然應理解爲無私的道德原則而非一項德目），至於「嫂溺」以及「舜不告而娶」等都是他用以申明「道德規範並不具備絕對性」的事例，所以，對於儒家，道德規範只當得到道德心證立的情況下，具備一般的有效性，遇到特殊的處境，便需道德心針對該處境制訂善惡。事實上，道德規範的價值及有效性，正由道德心所賦予。此義詳細闡明如下：人以其感通能力，體察他人的意欲好惡，並希冀他人得到滿足，於是選出能達致此目的的行爲；推而廣之，憑著感通能力，人亦可了解不同身分、關係、情境中的他人的意願與期望，而找尋出一般能使他們得到滿足的秩序。因此，假定人由於同屬人類，而有大致的共同愛惡，則可以制訂一般能夠滿足眾人的行爲模式及秩序，此便是道德規範，於是道德規範可理解爲：「出於人與人之感通，覺察眾人的共同愛惡，希冀各人都得到滿足，而建立的人間秩序。」如此，遵守道德規範，在一般情況下，會使眾人較能得到滿足，這就是「守規則」的意義。

在上面有關道德規範的理解下，培養孩童遵從規範，在道德教育的工作中，也是需要的。遵行規範，意味著對個人欲望擴張的限制（此所謂「克己復禮」），令他們意識到自己以外他人的存在，也令

他們明白在身處的社會中他人的期待，此可視爲自我制訂道德判斷的醞釀步驟。當然，道德教育並不止於訓練社會的好公民，最終的目的仍是使道德能力得以充分發揮，故在要求孩童守規則的同時，必須依照其理解能力，酌情向他們揭示規則背後的精神價值，並引導他們對各種規範加以證立，使他們能在認同其價值的情況下遵守規則。

　　本文只是針對儒家倫理學的特性，而指陳道德教育的基本方向，至於具體而細緻的內容與形式，例如：「怎樣朝這個基本方向擬定教學設計」，「如何提高孩童的道德想像力」，又或「哪些道德規範在現代社會中具有特別的意義」，以至「如何叫孩童理解其背後之精神」等等，均未克闡明，希望讀者能舉一反三，執簡馭繁，再作深細的討論。

　　（本文爲香港中文大學教育學院舉辦之道德與公民教育國際學術會議上發表之論文，1993。）

參 考 書 目

英文部分:

● R. M Hare, *The Language of Morals,* Oxford: Clarendon Press, 1952.

● R. M. Hare, *Moral Thinking: Its Levels, Method and Point,* Oxford: Oxford University Press, 1981.

● Thomas Nagel, *The Possibility of Altruism,* Princeton, N. J.: Princeton University Press, 1970.

● Thomas Nagel, *Equality and Partiality,* Oxford: Oxford University Press, 1991.

● J. W. Vare, "Moral Education in a Democratic Society: Confluent, Eclectic Approach", in G. L. Sapp (ed.), *Handbook of Moral Development,* Birmingham, Alabama: Religious Education Press, 1986.

● T.E. Wren, *Caring about Morality: Philosophical Perspectives in Moral Psychology,* Cambridge, Mass.: The MIT Press, 1991.

中文部分:

● 黃慧英，《後設倫理學之基本問題》，臺北: 東大圖書公司，1988。

儒家關於婦女地位的觀點

一、從古禮中反映之男女地位

就《禮記》記載之古禮言，對每一身分的人的行為進退皆有規定，亦即皆有限制，如對君臣父子等，夫婦男女亦然——夫有夫之規矩、婦有婦之規矩，如「道路，男子由右，女子由左。」(〈內則〉)問題是對婦女之限制是否比對男性之限制更不合理，或對婦女有特殊之要求。

一般而言，父系社會重男輕女之現象在各民族中俱甚普遍。在古代中國，禮儀中特別強調男女有別。如《禮記》：「男不言內，女不言外。」(〈內則〉)，「男帥女、女從男，夫婦之義由此始也。」(〈郊特牲〉)其理據乃訴諸形上學的觀念。如「男子親迎，男先於女，剛柔之義也。天先乎地，君先乎臣，其義一也。」(〈郊特牲〉)並有「三從」之說：「婦人，從人者也，幼從父兄，嫁從夫，夫死從子。夫也者，夫也。夫也者，以知帥人者也。」(〈郊特牲〉)「四德」亦見於《禮記》(四德古稱「婦順」)：「教以婦德、婦言、婦容、婦功。」可見婦人不被視為有獨立的人格地位；此外，婦人也沒有私有財產權：「子婦無私貨，無私蓄，無私器，不敢私假，不敢私與。」(〈內則〉)

值得注意之點是，雖然婦從屬於夫，但婦人當以另一身分 —— 姑
（夫之母）—— 出現時，其地位則很高，不但在家庭內享有隨意對待
子女媳婦的特權，有時還可憑恃「母」的身分，左右國家天子。從
《左傳》的敍述中，也可看到許多母權甚大的事例。如：「芮伯萬之
母芮姜，惡伯之多寵人也，故逐之，出居於魏。」（〈桓公三年〉）

除了主從關係的主張之外，《禮記》亦強調男女之關係是相輔相
成的，缺一不可。「故天子之與后，猶日之與月，陰之與陽，相須而
后成者也。」（〈昏義〉）並明言相當於對婦女的制約 —— 婦順，對天
子也有規範，名爲「男教」；「天子聽男教，后聽婦順；天子理陽道，
后治陰德；天子聽外治，后聽內職。教順成俗，外內和順，國家理
治，此之謂盛德。」（〈昏義〉）

婦女地位的低下，主要由於父系社會的結構，但在夏殷時代，婦
女仍有相當地位❶，及至周代，婦代地位才急遽下降，究其原因，或
與婚姻結構的轉變有關。夏殷時規定同姓之間的血緣關係，如果超過
五代，則可以建立婚姻關係，而周代則規定「同姓不婚」。而周人相
信，「異姓則異德，異德則異類……同姓則同德，同德則同心，同心
則同志。」（《國語・晉語》）既然婦女屬於異姓，於是失去了最神聖
的祭祀權。加上在周初的政治局勢中，婚姻關係經常爲了聯繫周族和
非周族的聯盟，聯婚一方面要求互婚集團在政治和軍事力量上對等，
另一方面則要求異姓民族對周族最高統治權的承認與服從。政治上的
主次關係反映在婚姻關係上，就是女子對男子的服從。

---

❶ 在甲骨文中，記載武丁之妻婦好的活動，婦好爲王的前驅，經常在外徵集
兵員，並曾統率一萬三千大軍，參與商朝動員人數最多的一場戰爭，且爲
武丁主持不少重要祭典，並有自己的封國、奴隸和土地。婦好嫁給殷王，
很大程度上是由她原來的宗族在殷王朝中的地位所決定的，同姓婦女嫁給
殷王，可以作爲宗族的代表。參閱辛立，《男女・夫妻・家國》。

二、孔、孟對夫、婦的道德要求

　　古代禮制一如上述，反映出古代中國社會男尊女卑的社會地位，此可視爲傳統父系社會的通例。現在讓我們看看儒家對夫婦關係以及婦女地位的觀點。

　　儒家興起於春秋時期，是時古禮已流行了數百年，男尊女卑的觀念已根深蒂固，孔子時代，且已禮崩樂壞，倫常盡喪，「臣弒其君者有之，子弒其父者有之」，孔子要恢復社會秩序，所以提倡「復禮」，但他要復的禮並不是表面的條文儀式，而要人反省禮的本義，卽儀式背後的精神，這精神就是「仁」、「義」。「仁」、「義」，簡單來說，就是基於人作爲道德主體、切身處地感受他人的願望後所作的無私的行爲規範原則。

　　假若我們把握了孔孟學說的重點「仁、義」，明白了禮制是以「仁、義」爲根據的，亦卽是以「仁義」作爲指導原則（「人而不仁如禮何！人而不仁如樂何！」），則可將周禮在儒家學說中定位：禮制只是實踐仁義的輔助手段或工具，是可以隨時代變更而改變的❷，而仁義在任何人際關係中實踐出來，都是對各種角色的制約，這是對「人」的普遍要求，當然身處特定角色便有特定的職分要完成。

　　在《論語》中，雖然沒有記載孔子有關夫婦的倫理規範的主張，但我們若將向爲人熟悉的「君君臣臣父父子子」之道德要求，應用於夫婦身上，卽加上「夫夫婦婦」，亦大體不失。其意謂，不論在人倫中身處哪一角色，也有道德職分去完成，這些職分的具體陳述，見於

---

❷　可參考《論語・子罕》，孔子有關「麻冕」、「拜上」的討論。

《孟子》:「使契爲司徒,教以人倫:父子有親,君臣有義,夫婦有別,長幼有序,朋友有信。」(〈滕文公上〉)這就是所謂五倫。父子之間以親愛爲相處原則,君臣間有當行之義理,夫婦間要清楚各有不同的職責。這裡無論「君君臣臣父父子子」,還是「父子有親,君臣有義」,都是指出關係兩端都有一定規範要遵守,不是只對一方的限制。如《左傳》:「君義,臣行,父慈,子孝,兄賢,弟敬,所謂六順也。」(〈隱公三年〉)又:「夫和妻柔,姑慈婦順。」(〈昭公二十六年〉)中明白指出夫婦間的雙方要求。這種雙方的對等關係,竟然在被一般人認爲保守的《顏氏家訓》中清晰申明:「夫風化者,自上而行於下者也,自先而從於後者也。是以父不慈則子不孝,兄不友則弟不恭,夫不義則婦不順矣。」(〈治家第五〉)

如前所述,由於在孔孟經典中見不到對男尊女卑習俗的重新強調,反而只見其對關係雙方的對等要求,我們可以下一結論:我們不排除孔子對男尊女卑傳統實踐的依循,但縱使事實如此的話,也只是孔孟對固有禮制的因循;最重要的是,孔孟認爲,雖然一般來說,應該遵守禮制,然而必須以仁義爲主導原則,如二者衝突,當訴諸後者,如《孟子》:「嫂溺,援之以手」(〈離婁上〉)所言,在某些情況,「男女授受不親」的禮制可以,而且應該被凌駕,反之,死守道德規範而埋沒仁義的,不能算是人,因他已喪失自主性,故孟子抨擊爲「豺狼也。」(〈離婁上〉)

尤其是,孔子提出「仁」的觀念,孟子提出「性善」,都是認爲人有內在的道德性,此道德性內在於人,不論男女,人因此而有異於禽獸的尊貴高尚地位,這是儒家的人文精神所在。在此人文精神下,人人皆平等。

三、漢以後「男尊女卑」思想的政治意義

　　我們已辯明，先秦儒家如孔孟並無特別強調男尊女卑的傳統，反而著重夫婦間的對等關係，並以「仁、義」作為所有人際關係的最高指導原則。那麼，「男尊女卑」、「三綱五常」、「三從四德」思想為何流行於中國社會呢？我們都曉得，漢武帝時董仲舒提議「獨尊儒學」，從此儒學便成為皇室推行之正統之學。然而對中國哲學稍有認識的人都知道，董仲舒的「天人感應」說，摻雜了很多陰陽家的思想，最嚴重的是，將孔孟學說中的人文精神，亦即人有內在道德性因而是道德主體一點，加以抹煞，於是雖然用仁義禮智的舊瓶，盛載的卻是宇宙論中心的新酒，喪失了儒家的精髓。落實在人倫的道德規範上，便表現為固守傳統的禮教，由於沒有以仁義作為禮的理據及內心的根據，此等禮教便僵化成教條，其社會效果是穩定社會結構，故為日後統治者所樂用。

　　在夫婦關係上，董仲舒強調夫代表陽，妻代表陰，故妻子只能發揮一種輔助功能。「君臣父子夫婦之義，皆取諸陰陽之道。君為陽，臣為陰，父為陽，子為陰，夫為陽，妻為陰。陰道無所獨行，其始也不得專起，其終也不得分功，有所兼之義。是故臣兼功於君，子兼功於父，妻兼功於夫，陰兼功於陽，地兼功於天。」（《春秋繁露·基義》）「是故仁義制度之數，盡取之天。天為君而覆露之，地為臣而持載之，陽為夫而生之，陰為婦而助之。」（《春秋繁露·王道通三》）

　　我們在此不必討論董仲舒算不算儒家，只須分辨：就算他是儒家，也是與先秦孔孟的儒家精神迥然有別的。他的思想藉著官方推行

的教育考試制度，廣泛傳播，起著社會教化的作用。這就是一般人認為中國社會內的種種現象，都受儒家影響，故須儒家負責的思想根源。（此問題相當複雜，論者往往犯了過分簡化的謬誤。關於此點無法在此詳論。）漢以後若有號稱儒者（包括自稱為或被稱為儒者的人；「儒者」一詞漸演變為「讀書人」的通稱）的學者，像董仲舒一樣，只執著於僵硬的禮教儀式，而沒有意識人文主義的基礎及根據，則可以說他們是違離了孔孟的真精神，亦把握不到儒家真正的價值。

關於以上的論點，再可以法家韓非子的言論作佐證。《韓非子‧忠孝》：「臣事君，子事父，妻事夫，三者順則天下治，三者逆則天下亂。此天下之常道也，明王賢臣而弗易也。」從這段引文中，可見代表法家的韓非子，也察覺到君臣父子夫妻的從屬關係對政治及社會的穩定性所起的作用，而加以強調。由此可見，關於三綱之思想不是儒家專有，而如前所述，甚至更不能代表儒家本義。

（本文原刊載於《鵝湖月刊》第208期，臺北：鵝湖月刊雜誌社，1992。）

參 考 書 目

● 王利器，《顏氏家訓集解》，上海：上海古籍出版社，1982。

● 辛立，《男女·夫妻·家國 —— 從婚姻模式看中國文化中的倫理觀念》，北京：國際文化出版公司，1989。

● 郭錦桴，《中國女性禁忌》，武漢：湖北人民出版社，1991。

● 韋政通，《中國思想史》（上），臺北：大林出版社，1982。

● 陳戍國點校，《周禮·儀禮·禮記》，長沙：岳麓書社，1989。

● 楊伯峻，《論語譯注》，香港：中華書局，1965。

● 劉德漢，《東周婦女生活》，臺北：臺灣學生書局，1976。

● 蘭州大學中文系孟子譯注小組，《孟子譯注》，香港：中華書局，1960。

商業倫理上的後設倫理學設定

一

　　商業倫理學作爲近幾十年新興的學科，第一個任務就是證立自己的存在意義，此說明了爲何此科的很多教科書在導論或其他部分，都專章討論「商業是否有道德可言」的課題，討論通常藉著下列方式的問題來進行：「商業能否道德？」、「牟利是否與道德相容？」、「商業機構是否有道德責任？」、「商業機構是否應向社會負責？」等等，這些問題全都基於「商業是否一個特殊的領域，不容許（或者並非明顯地容許）道德判斷應用於其中的各種運作之上，也不容許受到道德的約束」此種懷疑而生。商業被指爲特殊，論者不外將特殊性置於其目的、其行動之主體、以及行動的性質幾個方面，筆者認爲，無論將焦點放在哪一方面，上述的疑惑，主要源自對「道德的概念」(the concept of morality) 的錯誤理解所致，現試分別審視。

　　「商業的目的與道德不相容」這一論點，可說是最流行的，中文裡有「在商言商」的說法，英語裡也有："The Business of Business is Business" 的格言，都企圖揭示出，商業開宗明義以賺取利潤爲目的，所以不應以道德的理由要求生意人違背此目的，否則便使商業活動失去其意義。對於這論題，可從一般及特殊兩方面來考

慮：（一）一般地說，道德所規限的行為之範圍，正是所有有目的的行為，由於服從道德的規範而不能完全地滿足行為的目的的情況，是無可避免的，否則亦毋須有道德，故道德並非單獨是對商業的限制。（二）特殊地說，一般人感到賺錢這目的本身根本上與道德不相容，這可能由於賺錢作為一種目的而言，可說單純是自利的（self-interested），商業機構對比於其他機構如醫療機構或教育機構，從後者的利他目標更彰顯商業的利己特性。人們也許有一感覺，就是利他的目標，可以談論責任的問題，因為實現個別的利他目標，很多時被看成是責任的其中一種具體落實。然而，自利看來卻與道德不相容，就算是後果論（consequentialism）作為一項道德的原則，也絕少單純以自利因素為指導原則（利己主義（egoism）嚴格來說並不能算作道德的原則），效益主義（utilitarianism）—— 無論如何界定效益 —— 更非以一己效益作為善惡的依歸，更遑論將行為後果摒除於道德的考慮之外的義務論了。然而，從此點我們只能論斷，自利的領域與道德的領域是涇渭分明的兩領域❶，最多只能進一步說，道德的原則不能化約為自利的原則。但是，兩個領域之間，並非一如所想像的，是水火不容的。

---

❶ Stephen Scott 在一篇題為＜自利與道德之概念＞（ "Self-Interest and the Concept of Morality"）的論文中認為自利與道德並非概念上不相容的。文中將「自利」理解成「私利」，將「道德」理解成「為公」，指出有些利益是公眾利益，是個人及大眾共同追求的，既然「公」、「私」並非互相排斥，則為利益而行動亦不必然是不道德的了。然而這裡必須留意的是，討論自利與道德，若引進「公」、「私」這具相對性的概念，不但無益，反而更添含混，此外，他將道德說成必須為公而將個人利益完全排除，亦只是一種較狹的定義；道德的考慮本可包容對個人利益的考慮。明乎此，他提出的 communal good 的道德性不應因公私的含糊而難以決定，因根本不決定於「公」、「私」這組概念上。

對於非義務論來說，道德的考慮固然不同於自利的考慮，但在作道德的考慮時，不同方面的利益，包括自己的利益，亦會在考慮之列（善惡依據之準則，即決定了道德系統之性格）。甚至有人認為，道德是有助於自利的目的，因此就算單單為了自利的理由，也應該講求道德。例如假若以積極參與環境保護來宣傳產品，會增加銷量這一事實，便是推行環保的好理由。然而，持此觀點的人正忽略了：基於利益而推行環保，只是視環保為達致利潤的一種手段，而非對道德要求的滿足，在此意義下，該環保活動並不是道德行為。這個論斷可以以另一說法來闡明：假設推行環保並不使利潤有所增益，甚或招致損失，則我們便有理由去拒絕推行環保了，可見以上推行環保所根據的是自利原則而非道德原則。

誠然，上述的論斷預設了對道德的理解。對道德的理解在這裡相干的一點就是，道德是具凌駕性（overridingness）的。對一件事態，我們可以作不同方面的考慮與判斷，如美感方面的、品味方面的、愛惡方面的、利益方面的、以及道德方面的。而道德的判斷是在考慮各個方面後作出（all things considered）❷，因而所作出的判斷必凌駕於其他判斷。「道德判斷具凌駕性」這課題,在七〇年代曾掀起一番討論，參與討論的有 Philipa Foot, L. C. Becker, William K. Frankena, D. Z. Phillips 等倫理學者❸，除了Foot外，其餘眾人都認為，道德的考慮必須凌越（overrule）或凌駕（override）其他的考慮，此種凌駕性可說是對道德命令之為「無條件」的

---

❷ 可參考 Mark Carl Overvold, "Morality, Self-Interest, and Reasons for Being Moral"。
❸ 參與這討論的論文都編入 Philippa Foot, *Virtues and Vices* 內。

詮釋。實踐上的計劃，相對而言，都是有條件的，那是不單由於當人們放棄該計劃時，便沒有約束力，更由於它們都是服從於道德的考慮。Becker 明確聲稱：「一對確的道德判斷在定義上已是凌駕的了。」❹ 他指出，從非道德的關懷（例如上述所說的經濟的關懷、美感的關懷等），轉到道德的關懷，便是將事件帶到一完全沒有規限（不限於特定的目的或追求）的領域中去探討，在這領域中，我們是在考慮一切後，再決定什麼才是當作的。假若去接受一項道德判斷，即是去接受，在「每樣東西或事件的每個方面都已計算在內」的情況下，理性所作的決定。藉著上述的分析，他展示出，道德判斷這概念本身，如何必然地包含「終極」（finality）及「凌駕」等概念。

假使同意了這項道德的特性，則一個行為是否有利對於是否道德上當為是不相干的。而道德的判斷被看成是一種無條件的命令恰在於其與利益衝突時突顯出來。當然，自利原則與道德原則所要求的行為有可能重合，但這是偶然如此的，也正因有此可能，我們不能單從行為本身去決定其是道德與否。在「道德是凌駕的」這種理解下，商業再不可能以賺取利潤為目的作為理由，以取得豁免道德制約的專利。

二

另外，有一種說法，認為客觀上存在道德領域與非道德領域的分野，道德原則只能在道德領域內應用，而不能應用於非道德領域。所謂非道德領域，例如關於生活品味的安排，或者美感上的選擇，以及生物或物理世界的自然運作，都屬此列。論者認為，「X喜歡穿紅

---

❹ Lawrance C. Becker, "The Finality of Moral Judgements: A Reply to Mrs. Foot".

色的襯衣」、「Y寧願過淡泊的生活」、「食物在胃裡面進行消化」等事態，是不能夠對之作道德判斷的。理由是，對「穿紅色的襯衣」的偏愛是道德上不相干的。對這種看法，我們可以分別討論。

喜愛本身，正如欲望一樣，當然並無道德可言，即是說，我們不會說：「X不應該（道德上）喜愛A」或者「X喜愛A是道德上錯的」，然而一旦基於這些喜愛或偏好而作出選擇或付諸行動時，只要對自己或他人造成影響，便可以對之作出道德判斷，譬如說，我們可以問：「X是否應該因為喜愛穿紅衣而在喪禮上穿上紅色的襯衣？」平常我們沒有對生活上的每一項選擇或行為作出道德判斷，只是由於一般來說，個人關於自己生活的安排，很多時只會造成微不足道的影響而已（嚴格來說，決定其為微不足道亦已作出了一種道德判斷）。同樣地，我們亦可以問：「Y是否應該過淡泊的生活而將妻兒置於不快的境地？」

至於自然界的運行規律，我們亦不會問是否應該，主要由於那並非我們所選擇及能控制的，譬如說，「我們吸入氧氣，呼出二氧化碳」這種身體內部的呼吸活動，是我們不能加以變易的，所以不會說：「X吸入氧氣後是否應該呼出二氧化碳？」，然而假若X可以決定是否進行呼吸，而決定的後果又是嚴重的話，則我們仍可以問：「X是否應該停止呼吸？」的❺。

以上的討論展示出，非道德的領域是存在的，但並非以我們所關懷的向度來制訂，亦即是說，不能由於某些事態或取捨（preference）是我們的美感（或偏好或宗教）的關懷對象，而排斥了接受道德判斷

---

❺ 我們可以設想一種情況：在戰爭中一名高層官員被俘並且身受重傷，他相信自己不能抵受嚴刑而會供出軍事祕密，而他作了寧死也不出賣自己國家的選擇，於是他有理由將幫助他呼吸的儀器拔掉。

的可能性，只要具備「自主」這項作爲有意的行爲（或抉擇）的基本
條件，便不能逃避道德的審判❻。我們對任何自主的行爲 —— 無論它
屬於哪個特定的關懷範圍 —— 都可給予道德的關懷；尤有甚者，根據
上文的結論，以道德的關懷凌駕於其他關懷之上。因此，每個領域都
不能藉其獨有的性質來排除道德，商業也不例外。

三

　　假若認取了「道德是凌駕的」的觀點，但是仍然可以質疑：「爲
何要道德？（Why be moral？）」這個問題，在倫理學上，稱爲終
極問題（ultimate question）。不願意道德地使用道德語言，作出
任何道德判斷的人，稱爲無道德論者（amoralist）。我們若要說服
無道德論的個體，講求道德，便須提出「應該道德」的證立，當然
對這種證立的要求並不預設任何道德原則的肯定，否則便犯了預設結
論（begging the question）的謬誤。（所以「應該道德」的「應
該」並非道德上的「應該」。）歷來不少倫理學者試圖提出各種證立，
例如，有訴諸「爲己原則」（principle of prudence）的，有訴諸
理性的，有訴諸自我概念（the concept of self）的❼。有人認爲，
無論哪一種證立，要使個體放棄其無道德論的觀點，要比集體（如社
會）多一重困難，因爲縱使我們能說服無道德主義者，社會要講求道
德，然而社會中個別的無道德主義個體，卻仍然可以享用一個社會因

---

❻　行爲之影響程度只是我們關注其德性的因素，但不是作爲道德與非道德的
　　區分準則。事實上有哪一項行動或決定絕無（對人對己的）作用？縱使有
　　這樣的行動，只可說，我們對之所作的道德判斷並無甚大意義，亦即我們
　　做X或不做X的道德價值均極微弱，但並非不可對之作道德判斷。
❼　請參閱黃慧英，《後設倫理學之基本問題》，第3章。

其講求道德而具有的所有優越條件，自己卻只根據爲己原則來行動，作一名所謂免費乘客 (free-rider)。從此點看來，似乎集體證立「應該道德」較之個體爲易。事實上，這種有關難易的結論，只在二者都以爲己原則作證立的理由，加上集體利益可保證個體利益這事實的條件下，才能成立。以商業機構來說，商業機構作爲一個集體，假使能證明只有在一講求道德的環境下，才能得以順利運作，這便提供了其講求道德一種爲己方面的理由。然而，商業機構這個集體對於更大的集體（如商界、甚至社會）來說，可以擁有「個體」的身分，故而同樣可以成爲免費乘客，作道德的寄生蟲。對於此等免費乘客，假若我們認爲其存在會對社會上其他成員不利，則我們（社會）可以以立法的途徑來加以堵塞，如此則將問題轉成政治問題，亦是將道德外在化的一種做法，但這種做法並不能使免費乘客奉行道德。

假使根據爲己原則，可以證立「應該道德」，則人們亦可根據爲己原則，去證立作一名免費乘客；果眞如此，我們也許應當考慮其他的證立途徑。對於一個「人」來說，可以藉著「理性」的概念❽，或者藉著對自我之概念❾來加以證立，但是，這些證立的途徑，對於一個機構（如商業機構）而言，卻不能直接採用，因爲這些途徑都建基於人作爲道德主體所特有的性質或所具備的能力之上，例如有些證立預設了人有自由意志、理性、有共感的能力、甚至有相同的結構及相類的需要等等。

反對商業倫理的其中一個論點就是，商業機構不是人，因此並不具備上述的預設，因而不能談論道德，反駁者則指出，只要行動對他

---

❽ 如 Overvold 所作的，見❷。
❾ 如 Nagel 所作的，參考 Thomas Nagel, *The Possibility of Altruism*。

人有影響， 便須負責， 不管行動者是個人還是機構❿。在這種討論
中， 雙方都已假定了「應該道德」，而只是考慮是否有能力及如何負
責的問題。當然,「商業毋須負責」的支持者企圖用「不能」推論「不
應」， 但他們並非有著「爲何道德」的疑惑。然而， 若我們討論的是
商業爲何道德的問題， 而以訴諸理性或訴諸自我概念作爲應該道德的
理由的話， 便必須多一重轉折， 將商業機構的決策， 看成是機構內部
某些崗位的人（決策者）的共同決策， 決策者旣具備人的特性， 故擁
有作爲道德主體的條件， 所以「可以」談論道德。當然能否獲得「應
該道德」的結論， 則要視乎該等證立是否成功。由此看來， 團體如商
業機構對應該道德的證立， 並不比個人容易， 反而是多了一個預設。

　　商業無道德論的另一論點， 是認爲商業講道德弊多於利， 故對商
業作出道德的要求簡直是弄巧成拙， 例如被指控破壞市場機制、扼殺
了貿易的自由性等等⓫， 這其實亦是根據爲己原則來論證商業不應該
聽從道德的要求， 但是， 弔詭的是， 以對社會不利來否定道德這理由
本身， 亦是一道德的要求， 故乃預設了「應該道德」。也許論者並不
企圖否定道德，只是依據某種道德觀點（如效益主義）來否定在商業
上應該道德， 然而， 這種論斷的錯誤乃在於， 以特定道德系統的道德
原則來否定某一情況下或某一領域內應該道德， 而沒有覺察到，「應
該道德」一經證立， 便是無條件的,並且適用於任何領域與情況; 從這
裡亦可見出， 爲己原則作爲一項理性而非道德的原則， 原則上可以爲
道德作證立， 而效益主義作爲一項道德原則， 卻不能用以證立或否定

❿　有關的辯論見 Hugh Curtler (ed.), *Shame, Responsibility, and
the Corporation*。

⓫　持此論之最著名者乃 Milton Friedman, 見 Milton Friedman,
"The Social Responsibility of Business Is to Increase Its
Profits"。

道德。明乎此，上述商業無道德論者的問題再不是對「講求道德」的肯定或否定，而應轉爲一個從理論到實踐的問題，卽是：在肯定應該道德之後，對於個別的涉及道德之行爲，假若能參照實際的客觀情況而定出利弊，則再根據某些道德原則（如效益主義）來訂定行爲的方案的做法，是否當行。這些行爲方案旣是原則的具體應用，我們可以質疑它是否合乎道德（依該道德原則來說），但不能由此而否定道德。

以上只是指出，商業倫理學作爲倫理學的一支，亦須面對倫理學上「爲何道德」的問題，倘若此問題未能解決，不單商業倫理學的根基不穩，倫理學本身之存在意義亦受到威脅。故此，這不是商業倫理由於其特殊性所造成的難題。另一方面，在實踐上，我們不能因爲問題懸而未決，而否定談論商業倫理之意義，除非我們打算基於同樣的理由而不談道德。

四

商業倫理學在爲其存在而獲得證立之後，隨之而來的另一重大問題，就是道德原則的認取。這裡所說的道德原則，是指最高的道德原則。在商業倫理學的教科書內，每每羅列出不同的道德原則，作爲商業上解決道德問題的指導原則，如效益主義、權利論、義務論等。商業上出現的問題，如知識產權、僱員的私隱權、消費者權益、產品安全、合理工資、就業機會、環境保護、商業守祕責任、安全的工作環境等，當受到道德的關注時，論者便會引用其所信奉的道德原則去處理，然而，去證立某一道德原則（倫理系統）卻是倫理學者的任務；而商業倫理學者的工作，看來就是分析具體問題，甚至實際的特殊個案，然後將該原則「應用」其上。但是，我們若細心考察，所謂「應

用」，並非簡單的有如將數據代入數學公式中。因為，對於同一事態，可以有極不同的理解，卽是分析本身，均基於不同的視點及價值系統而作出。例如倘若有一宗「向外公開醜聞」（whistle blowing）的事態發生，那麼應將之看成是「員工背叛僱主」的事件呢？還是「違背同舟共濟這為己原則」的做法呢？抑或是「積極利用使組織或社會邁向進步的機制」？也許亦可理解成「互相監督、互相威脅」的有效途徑。不同的理解下的判斷自不必相同。我們在作道德判斷前，應省察這些包含極大道德蘊涵的分析方法或理解方式，並考核它們的價值預設。當然對於價值體系的選取，均須提出理性的證立，然而這已是超乎道德的判斷，亦非道德系統內部可以決定的。

上述有關價值系統的選取，乃隱晦地表現於對事件的理解上，其實在對事件作道德判斷時，便會明顯地遇上難題。當我們要去解決利益衝突或道德衝突的事件時。根據任一道德系統，都可提供一定的解決方案⓬。然而，很多時候，衝突的發生，不能看成是不同集團間的利益衝突，也不能歸類為道德系統內部的道德衝突⓭，而是一道德系統的基本信念、其道德意義及其重要性，受到另一道德系統的挑戰。我們可以構想一些情況，在這些情況下，必須在個人的尊嚴與眾人的生命之間、或者在私隱權的保障與相當可觀的利益的損失之間、或者在對於受害者的補償與讓犯錯者有更新機會之間，作出抉擇。這類抉擇與系統內部的道德衝突發生時的抉擇不同的關鍵，乃在於前者涉及不同的道德系統的基本假設及信念，不能透過某一道德系統來加以評斷，否則便是預設結論⓮。

⓬ 這是道德系統得以成立的基本條件。

⓭ 所謂道德衝突（moral conflict），不是道德原則本身的衝突，而是指在某特定的情況下，不能同時遵守本來相容的道德原則。

⓮ 若強硬將兩系統間的基本信念的衝突，化約為系統內部的衝突，則是無視於兩系統的不能退讓的獨特性。

　　上述不論是明顯的或隱晦的道德系統間的選取，必須能夠獲得理性的證立，而此乃後設倫理學的工作之一，此工作經已開展，有以道德語言的性質來推演出某一道德系統，因此認為該道德系統是我們正確地使用道德語言所必須接受的（如 R. M. Hare）❶，有分析「道德主體」及「行動」等概念來推演的（如 Alan Gewirth）❶，也有試圖藉著分析「理性」或「道德」等概念來建立道德系統的，有些學者甚至重新審視及界定道德上的基本概念如「公正」、「自由」等，無論哪種做法，他們都是企求在任何道德系統之外，覓得選取道德系統的準則，換句話說，希冀為道德尋找穩固的基礎。從上面列舉的可見，不少學者都以語言（概念）的分析著手，然而，這也許並非唯一的途徑，既然這種艱巨的工作仍在不斷進行，我們不妨構想別的途徑，例如對「人」進行探究（並非對「人」這概念進行分析），或者對於我們在這一課題上闖開新天地，有所裨益。

　　（本文為國立中央大學舉辦之第三屆管理與哲學國際學術研討會上發表之論文，1994。）

---

❶　參閱 R. M. Hare, *Moral Thinking: Its Levels, Method and Point*。
❶　參閱 Alan Gewirth, "Moral Rationality", in J. Bricke (cd.), *Freedom and Morality*。

參 考 書 目

英文部分:

● T. L. Beauchamp & N. E. Bowie (eds.), *Ethical Theory and Business* (3rd ed.), Englewood Cliffs, N. J.: Prentice-Hall, 1988.

● Lawrance C. Becker, "The Finality of Moral Judgements: A Reply to Mrs. Foot", *The Philosophical Review*, 1973, pp. 364-370.

● Hugh Curtler (ed.), *Shame, Responsibility, and the Corporation,* New York: Haven Publishing Co., 1986.

● R. T. DeGeorge, *Business Ethics* (3rd ed.), New York: Macmillan Publishing Co., 1990.

● Philippa Foot, *Virtues and Vices,* Oxford: Basil Blackwell, 1978.

● Milton Friedman, "The Social Responsibility of Business Is to Increase Its Profits", *The New York Times Magazine,* Sept. 13, 1970.

● Alan Gewirth, "Moral Rationality", in J. Bricke (ed.), *Freedom and Morality,* Lawrence: University of Kansas, 1976.

● R. M. Hare, *Moral Thinking: Its Levels, Method and Point,* Oxford: Oxford University Press, 1981.

- Thomas Nagel, *The Possibility of Altruism,* Princeton, N. J.: Princeton University Press, 1970.
- Mark Carl Overvold, "Morality, Self-Interest, and Reasons for Being Moral", *Philosophy and Phenomenology Research,* 1984.
- Stephen Scott, "Self-Interest and the Concept of Morality", *Nôus* 21, 1987, pp. 407-419.
- W. H. Shaw & V. Barry, *Moral Issues in Business* (5th ed.), California: Wadworth Publishing Co., 1992.

中文部分:

- 黃慧英,《後設倫理學之基本問題》,臺北: 東大圖書公司,1988。

後　記

　　這本集子收集的論文，寫於一九八八至一九九四年間。回顧過去十年，一九八三、八五、八七，是我生命中幾個重要的里程碑，當然亦消磨盡了我的時間與精力，學術上的探索幾乎停滯不前，然而學術方面的興趣，卻絲毫未減。於是，在這種長期受到抑壓的情況下，在一九八八年暑假的某天，我既憤怒又羞愧的責問自己：難道我就真的不能利用時間的空隙，做點甚麼嗎？那天，我便一口氣寫了五六百字，那是〈快樂主義的重檢〉的開首。五六百字是一個小數目，對於那些洋洋萬言不能自休的人來說，簡直不算一回事。但那天我所寫的五六百字，卻意義重大，那代表一個新的開始：我重新在博士論文以外、備課以外，從事我最關心的課題的研究。

　　那天是一個好的開頭，我可以全神貫注，下筆暢達無礙，然而，寫了五六百字以後，看一看錶，我驚覺必須停止，去辦理另外一些性質迴異但同樣嚴肅正經的事。原來那天的經驗，標誌著往後的寫作方式：在每一個可資利用的寫作時段（約二、三小時）裡，平均每次完成五百字，不少情況少至可憐的二百字。因此一萬字的論文，我約需二十個工作時段才能完成，歷時往往超過二個月。每次執筆之前，須費時重頭細閱，追憶並接續前一個論點、論證，甚或句子。這種斷斷續續的製作方式，文氣是斷然談不上了，只求在一篇論文中，有一個

嚴整的結構、一貫的用語,便算合格。這樣的寫作甚至不時停頓下來,直至若干年後的今天,竟然積聚出十多萬字之數,於我到底是一項奇蹟了。回頭看去,這本集子可稱得上苦苦經營而來的。

研究學術的有限時間,是從自己的必須生活程序中擠出來的,但從事研究的空間,卻靠闖進人家的私人重地才能出現。我一直沒有自己的工作間。對於工作間,我的要求是十分簡單的:一桌一椅、光線充足,隔離滋擾,已很理想,若能容許桌上有一杯熱開水,便是十全十美了。然而,不知是何緣故,這些年來,我總沒能擁有屬於自己的工作間,於是,我便開展了四處為「家」的生涯,我跑到圖書館、更多時跑到不同的老友的辦公室,打開書本或草稿紙,開始當天的工作。最高興的是長假期他們到外地旅行的日子,我便可暫時佔用他們的地方,但始終不免有一種漂泊流離的感覺。無論如何,我很想藉這機會向曾經慷慨借出地方的好友表示感激,他們包括:我的弟弟NY、阿Kit、Dora,以及阿恩。

時間以及空間的不利條件,似乎都能憑人力勉強逆轉,但生命的大限,又有誰能躍過呢?昨天聽到一個不幸的消息:朋友的太兒子患上惡毒的腦癌。任誰也不忍想像,可惡的命運如何蹂躪一名年僅十三歲的美少年的生命。他懷抱著父母的殷殷期待,正朝著金光大道邁進,滿有信心地要開展人生的姿彩呢。

人生是短促的,它可以很美好,也可以突然告終。在這短暫的生命裡,我們應該怎樣過呢?這是蘇格拉底的問題。「應該」並沒有道德意含,不預設我們必須過道德的生活,亦即並非必須要求我們的道德的考慮凌駕其他的考慮。這問題只是在探求:我們作為理性的存有,理性會給予我們甚麼指引,去安排我們的生活?這裡所說的「理性」,亦並非與欲望對立的,所以說以理性指導人生,不表示必定把欲望都

驅走壓制；因此，「理性的抉擇」包容五花八門的生活形態。雖然如此，有些人自以為「看透」了人生之苦短，所以選擇了盡情享受當下的每一刻，卻未能看清，生命縱短促，也不至於不容許有將來。因此，真能看得深遠透徹的理性的人，大概要儆醒，別讓當下的我獨領風騷，甚至背叛了將來的我。

「生命的價值是人自己所賦予的」，當蘇格拉底提出「我們應過怎樣的生活（生命）？」之時，其實已作出了上述的宣示。倘若我們認真反省蘇格拉底的問題，並認取了一種價值，作為生命的目標，又倘若我們忠於自己的價值取向，則必須將之貫徹於日用倫常中。無論那是甚麼，都不應因現實上種種經驗條件的變動而更易，不然的話，那便不是真正的終極價值，因為終極價值不是相對於特定時空而確立的。舉例來說，假若一個人認取了「尊重他人」的價值，便不應因為面對死亡而容許自己肆意踐踏他人的尊嚴。

死亡，既是生命歷程的終站，又出沒無常，固然對我們構成莫大的威脅，但它卻不能入侵價值王國，因為我們既是價值主體，我們對自己生命所賦予的價值將會主宰生命結束前的日子。死亡趨近這事實，最多只能考驗我們的價值信念，甚或為己方面的計劃，卻不應成為一種左右價值取捨的理由。

至此，有人或會質疑，我整天強調理性，並以理性主導生命，這樣不會使生命太嫌乾澀嗎？如此又將情感置於何地？甚至有人宣稱：認為理性可勝此任只是一種幻覺而已。我對此的回應是：倘若相信生命可為人自己所主宰的話，那麼理性便是唯一可作主宰的；假使自覺地捨棄理性，而甘受欲望、情感、或環境等其他因素來操縱生命，此亦是理性所作的抉擇。雖是理性作出（因是自覺的決定），但是否合乎理性(rational)，則要視乎能否提供合理的證立。哲學的指揮棒，

只能在這舞臺上演出。我的所有討論，都僅在追求理性的場地中開展。同時，我完全不否認，有人可以不自覺地過其一生，有人亦可自覺地選擇過不理性的生活，對於此二者，一切的論辯是不相干的。

　　至於理性的生活是否必然枯燥的問題，我不願作理論上的論證，只想請疑者齊來觀賞：古今中外偉大人物的一生，如何風姿綽約、如何慷慨激昂，他們往往憑藉對人類及世界的信念，規劃自己的生命，義無反顧，結果在特定的時空中劃下斑斕的色彩，無悔今生。

　　另一方面，對於認為理性不能指導生命的信徒來說，我想，默契道妙對於他們當是最適當的，無謂與只懂以概念、語言思考之輩，爭一日之長短。

　　最後，有關情感在生命中的位置這問題，至此大家當明白我的看法，而無容再贅；然而，最重要的不是爭論誰應指揮誰的問題，而是在以理性思辯爭論不休的戰場上，放下屠刀，回頭細看自己的生命中，可有維持活潑之生機，讓情感如淙淙的溪流，源源不絕。

一九九四年九月

滄海叢刊書目 (二)

國學類

哲學類

— 1 —

宗教類

禪骨詩心集　　　　　　　　　　　　　　　　　　巴壺天　著
中國禪宗史　　　　　　　　　　　　　　　　　　關世謙　著
魏晉南北朝時期的道教　　　　　　　　　　　　　湯一介　著
佛學論著　　　　　　　　　　　　　　　　　　　周中一　著
當代佛教思想展望　　　　　　　　　　　　　　　楊惠南　著
臺灣佛教文化的新動向　　　　　　　　　　　　　江燦騰　著
釋迦牟尼與原始佛教　　　　　　　　　　　　　　于凌波　著
唯識學綱要　　　　　　　　　　　　　　　　　　于凌波　著
中印佛學泛論——傅偉勳六十大壽祝壽論文　　　　藍吉富　主編
禪史與禪思　　　　　　　　　　　　　　　　　　楊惠南　著

社會科學類

中華文化十二講　　　　　　　　　　　　　　　　錢穆　著
民族與文化　　　　　　　　　　　　　　　　　　錢穆　著
楚文化研究　　　　　　　　　　　　　　　　　　文崇一　著
中國古文化　　　　　　　　　　　　　　　　　　文崇一　著
社會、文化和知識分子　　　　　　　　　　　　　葉啓政　著
儒學傳統與文化創新　　　　　　　　　　　　　　黃俊傑　著
歷史轉捩點上的反思　　　　　　　　　　　　　　韋政通　著
中國人的價值觀　　　　　　　　　　　　　　　　文崇一　著
紅樓夢與中國舊家庭　　　　　　　　　　　　　　薩孟武　著
社會學與中國研究　　　　　　　　　　　　　　　蔡文輝　主編
比較社會學　　　　　　　　　　　　　　　　　　蔡文輝　著
我國社會的變遷與發展　　　　　　　　　　　　　朱岑樓　編著
三十年來我國人文社會科學之回顧與展望　　　　　賴澤涵　著
社會學的滋味　　　　　　　　　　　　　　　　　蕭新煌　著
臺灣的社區權力結構　　　　　　　　　　　　　　文崇一　著
臺灣居民的休閒生活　　　　　　　　　　　　　　文崇一　著
臺灣的工業化與社會變遷　　　　　　　　　　　　文崇一　著
臺灣社會的變遷與秩序(政治篇)(社會文化篇)　　文崇一　著
鄉村發展的理論與實際　　　　　　　　　　　　　蔡宏進　著
臺灣的社會發展　　　　　　　　　　　　　　　　席汝楫　著
透視大陸　　　　　　　　　　　　政治大學新聞研究所　主編
憲法論衡　　　　　　　　　　　　　　　　　　　荊知仁　著
周禮的政治思想　　　　　　　　　　　　　周世輔、周文湘　著

思齊集　　　　　　　　　　　　　　　鄭彥棻著
懷聖集　　　　　　　　　　　　　　　鄭彥棻著
周世輔回憶錄　　　　　　　　　　　　周世輔著
三生有幸　　　　　　　　　　　　　　吳相湘著
孤兒心影錄　　　　　　　　　　　　　張柱國著
我這半生　　　　　　　　　　　　　　毛振翔著
我是依然苦鬥人　　　　　　　　　　　毛振翔著
八十憶雙親、師友雜憶(合刊)　　　　錢　穆著
烏啼鳳鳴有餘聲　　　　　　　　　　　陶百川著

語文類

標點符號研究　　　　　　　　　　　　楊　遠著
訓詁通論　　　　　　　　　　　　　　吳孟復著
入聲字箋論　　　　　　　　　　　　　陳文華著
翻譯偶語　　　　　　　　　　　　　　黃文範著
翻譯新語　　　　　　　　　　　　　　黃文範著
中文排列方式析論　　　　　　　　　　司　琦著
杜詩品評　　　　　　　　　　　　　　楊慧傑著
詩中的李白　　　　　　　　　　　　　楊慧傑著
寒山子研究　　　　　　　　　　　　　陳慧劍著
司空圖新論　　　　　　　　　　　　　王潤華著
詩情與幽境——唐代文人的園林生活　　侯迺慧著
歐陽修詩本義研究　　　　　　　　　　裴普賢著
品詩吟詩　　　　　　　　　　　　　　邱燮友著
談詩錄　　　　　　　　　　　　　　　方祖燊著
情趣詩話　　　　　　　　　　　　　　楊光治著
歌鼓湘靈——楚詩詞藝術欣賞　　　　　李元洛著
中國文學鑑賞舉隅　　　　黃慶萱、許家鸞著
中國文學縱橫論　　　　　　　　　　　黃維樑著
漢賦史論　　　　　　　　　　　　　　簡宗梧著
古典今論　　　　　　　　　　　　　　唐翼明著
亭林詩考索　　　　　　　　　　　　　潘重規著
浮士德研究　　　　　　　　　　　　　李辰冬譯
蘇忍尼辛選集　　　　　　　　　　　　劉安雲譯
文學欣賞的靈魂　　　　　　　　　　　劉述先著

— 6 —

美術類